EL SILENCIO DE MARIA

IGNACIO LARRAÑAGA

EL SILENCIO DE MARIA

Cuarta Edición

LIBRERIA PARROQUIAL
Av. Clavería No. 122, México 16, D. F.

Con las debidas licencias
© LIBRERIA PARROQUIAL
Portada: María Celeste, Ist. Apost. Sec.
ISBN: 968 - 442 - 021 -8
Impreso en: Impresora y Editora Palmarín, S.A. México, D.F.
Impreso en México - Printed in Mexico.

Nacido en España, casi toda la vida sacerdotal de Ignacio Larrañaga tanscurrió en América Latina. En los últimos años se ha convertido en un poderoso instrumento del cual Dios se está sirviendo para la transformación de las Comunidades religiosas en los países de América Latina, principalmente en Brasil, Chile, Argentina. Venezuela... mediante los *Encuentros de Experiencia de Dios* (seis días) y la *Escuela de oración* (15 días).

Sus libros —de gran éxito en muchos países e idiomas— llevan el sello típico de lo vital: claridad, profundidad y realismo.

OBRAS DEL AUTOR

EL SILENCIO DE MARIA

Madrid: Siete ediciones
Buenos Aires: Tres ediciones
Santiago de Chile: Dos ediciones
Sao Paulo: Once ediciones
Lisboa: Dos ediciones
México: Cuatro Ediciones

MUESTRAME TU ROSTRO: Hacia la intimidad con Dios

Madrid: Seis ediciones
Santiago de Chile: Cuatro ediciones
Sao Paulo: Ocho ediciones
Buenos Aires: Una edición
Lisboa: Tres ediciones
México: Tres ediciones

SUBE CONMIGO: Para los que viven en común

Madrid: Seis ediciones
Santiago de Chile: Dos ediciones
Buenos Aires: Dos ediciones
Sao Paulo: Cuatro ediciones
México: Tres ediciones

In memoriam

En recuerdo de mi madre,
María Salomé, con emoción.

Al amanecer, aún permanecía entre nosotros;
era como una bandera abandonada en el desierto.

GIBRÁN

Evocación de la portada

SEÑORA DEL SILENCIO

Madre del silencio y de la Humildad,
tú vives perdida y encontrada
en el mar sin fondo del Misterio del Señor.

Eres disponibilidad y receptividad.
Eres fecundidad y plenitud.
Eres atención y solicitud por los hermanos.
Estás vestida de fortaleza.
En ti resplandecen la madurez humana
y la elegancia espiritual.
Eres señora de ti misma
antes de ser señora nuestra.

No existe dispersión en ti.
En un acto simple y total, tu alma, toda inmóvil,
está paralizada e identificada con el Señor.
Estás dentro de Dios, y Dios dentro de ti.
El Misterio Total te envuelve y te penetra,
te posee, ocupa e integra todo tu ser.

Parece que todo quedó paralizado en ti,
todo se identificó contigo:
el tiempo, el espacio, la palabra,
la música, el silencio, la mujer, Dios.
Todo quedó asumido en ti, y divinizado.
Jamás se vio estampa humana de tanta dulzura,
ni se volverá a ver en la tierra
mujer tan inefablemente evocadora.

Sin embargo, tu silencio no es ausencia
sino presencia.
Estás abismada en el Señor
y, al mismo tiempo,
atenta a los hermanos, como en Caná.
Nunca la comunicación es tan profunda
como cuando no se dice nada,
y nunca el silencio es tan elocuente
como cuando nada se comunica.

Haznos comprender
que el silencio no es desinterés por los hermanos
sino fuente de energía e irradiación;
no es repliegue sino despliegue;
y que, para derramar riquezas,
es necesario acumularlas.

El mundo se ahoga en el mar de la dispersión,
y no es posible amar a los hermanos
con un corazón disperso.
Haznos comprender que el apostolado,
sin silencio,
es alienación;
y que el silencio,
sin apostolado,
es comodidad.

Envuélvenos en el manto de tu silencio,
y comunícanos la fortaleza de tu Fe,
la altura de tu Esperanza
y la profundidad de tu Amor.

Quédate con los que quedan,
y vente con los que nos vamos.

¡Oh Madre admirable del Silencio!

Capítulo primero

RETORNO

Todas nuestras fuentes están en ti
(Sal 86)

1. La fuente sellada

¿Quién contó la historia de la infancia? ¿Cómo se llegaron a saber aquellas noticias, tan lejanas, cuyo archivo y depósito sólo podía ser la memoria de María?

Para responder a esas preguntas, necesitamos retornar. Y para retornar necesitamos subir, contra corriente, un río que arrastra dramas y sorpresas; hasta llegar a aquel hontanar remoto que fue el corazón de María.

El Evangelio nos recuerda en dos oportunidades (Lc 2,19; 2,51) que María conservaba cuidadosamente las palabras y hechos antiguos. Y los meditaba diligentemente. ¿Qué significa eso? Quiere decir que María buscaba el sentido oculto y profundo de aquellos hechos y palabras, y los confrontaba con las nuevas situaciones en las que su vida se veía envuelta.

De esta manera, los recuerdos se conservaron muy vivos en su memoria, como estrellas que nunca se apagan. Por eso, cualesquiera y como quiera que sean los caminos que debamos elegir para encontrarnos con la figura y palpitación de María, ellos tienen que conducirnos necesariamente allá lejos, al manantial donde nacen todas las noticias: a la intimidad de María.

Como no queremos en este libro dar apreciaciones subjetivas sino caminar sobre tierra firme, aunque sin pretender una investigación científica, considero de suma importancia abordar aquí el problema de las fuentes.

«Nuestro querido médico» (Col 4,14)

> «Lucas es un escritor de gran talento y alma delicada...; una personalidad atractiva que se transparenta sin cesar» (1).

Lucas es un hombre fuertemente sensibilizado por aquellas motivaciones con las que aparece muy envuelta la persona y la vida de María, como por ejemplo la humildad, la paciencia, la mansedumbre. Allá donde Lucas encuentra un vestigio de misericordia, él queda profundamente conmovido; y en seguida lo anota en su evangelio.

Nuestro evangelista médico detectó y apreció el alma de la mujer y su importancia en la vida mejor que ningún otro evangelista. Por las páginas de su largo y denso evangelio, pasa un desfile multiforme de mujeres, unas recibiendo misericordia, otras ofreciendo hospitalidad, un grupo de ellas expresando su simpatía y solidaridad cuando Jesús peregrinaba hacia la muerte. Y, entre todas ellas, sobresale María con ese aire inconfundible de servidora y señora.

La singular personalidad de Lucas está tejida de delicadeza y sensibilidad. Es significativo que Pablo le dé una adjetivación emocional: «nuestro querido médico». En fin, nuestro evangelista parece poseer una afinidad temperamental muy acorde con la personalidad de María.

En una palabra, nos encontramos ante el narrador ideal, capaz de entrar en perfecta sintonía con la Señora, capaz de recoger no solamente sus hechos de vida sino sus impulsos vitales y, sobre todo, capaz de transmitir todo eso con alta fidelidad.

---

(1) *Biblia de Jerusalén*, introducción.

«En vista de que muchos emprendieron el trabajo de componer un relato de los sucesos que se han cumplido entre nosotros, según nos transmitieron los que fueron, desde el principio, testigos oculares y luego servidores de la palabra, también yo, después de haber investigado desde el principio todos los sucesos con exactitud, me he determinado a escribírtelos ordenadamente, ilustre Teófilo, a fin de que conozcas bien la solidez de las palabras en las que has sido instruido» (Lc 1,1-5).

Con esta introducción a su evangelio, Lucas nos coloca en el umbral de María. Según el uso literario de su época, Lucas se dirige y dedica su obra al «noble Teófilo». No sabemos quién fue este ilustre destinatario. Pero, por esas palabras introductorias, podríamos concluir que se trataba de un personaje de elevado rango que ya había recibido la Palabra y la Fe. Sin embargo, Lucas no lo trata de «hermano». ¿Por la distancia social? ¿Por el hecho de estar destinado el libro al gran público? Sea lo que fuere, el tal Teófilo desaparece aquí mismo, sin dejar huella posterior. No importa incluso si es un personaje imaginario.

En todo caso, Lucas habla aquí como un periodista moderno que, para garantizar la credibilidad de su información, asegura haberse hecho presente en el «lugar de la noticia». Así aconsejan hoy día a los alumnos en las Escuelas de Periodismo: tenéis que llegar a la «fuente de la información». De esta manera, para garantizar la objetividad de su trabajo y la validez de la fe de Teófilo, Lucas se dispone a dar a éste cuenta de la finalidad, contenido, fuentes y método de trabajo de su obra.

Primeramente asegura Lucas que «muchos», antes que él, emprendieron esta misma tarea de investigación. Recopilaron documentos, hicieron colecciones de los hechos y palabras de Jesús. Algunos inclusive llegaron a entregar algún evangelio.

Este aviso de «nuestro querido médico» encierra mucho interés. Significa que Lucas, antes de comenzar su tarea investigadora y durante la tarea, tenía a su alcance apuntes, colecciones de los hechos y palabras y, quizá también, evangelios recogidos o redactados por otros. Escritos de los cuales algunos posiblemente se perdieron y otros, eventualmente, fueron utilizados por el mismo Lucas. Entre estos escritos ¿no estarían los recuerdos de María recopilados por algún discípulo, recuerdos referentes a los años, ya lejanos, de la anunciación y de la infancia?

En seguida Lucas afirma una cosa altamente importante: que «ha investigado con cuidadosa exactitud» (Lc 1,3) «todos los sucesos» que constituyen el punto alto de la gesta salvífica. En lenguaje moderno diríamos que Lucas toma en sus manos la lupa de la crítica histórica. Y así, ofrece en su libro una nueva ordenación, nuevos detalles hallados en su diligente investigación; quizá, también, una verificación más rigurosa de las noticias. Y todo eso en un nuevo ropaje literario.

«Desde el principio»

Desde nuestro punto de interés, que es conocer de cerca a María, es interesante ponderar y apreciar el hecho de que Lucas, con su «cuidadosa investigación», se remontó hasta aquellos remotos acontecimientos que sucedieron «desde el principio».

Nuestro historiador, con la tea de la crítica histórica en sus manos, fue retrocediendo e iluminando por caminos de sorpresas y suspensos, a través de una compleja cadena de acontecimientos, hasta llegar a los días ya lejanos de la Señora. Es evidente que la crítica histórica de Lucas no sería tan rigurosa y severa como la de los historiadores modernos. Pero, de todas maneras, hizo una seria investigación, tratando de llegar no solamente al origen de las noticias sino también a los días primitivos.

Entre las palabras del evangelista, merece destacarse también la idea siguiente: al parecer, Lucas dispone en su mano de manuscritos o apuntes de lo que nos transmitieron los «testigos oculares», es decir, los mismos que estuvieron en el corazón de los acontecimientos y del combate. Ahora bien, testigo ocular de los sucesos referentes a la infancia de Jesús, no existió ningún otro sino María. Es preciso, pues, concluir que el evangelista, ya por caminos directos o indirectos, nadie sabe, llegó a la única fuente de información: María.

Por otra parte, aquí se da pie para suponer situaciones que conmueven mucho: en efecto, el contexto de Lucas manifiesta inequívocamente que los «testigos oculares» fueron luego «servidores de la palabra». ¿Podríamos concluir, de ahí, que también María se constituyó en evangelista de aquellas noticias que solamente ella conocía? ¿Querría Lucas indicar velada o implícitamente que la presencia de María en las primeras comunidades palestinenses, no solamente fue de animación sino que se dedicó también a una actividad específicamente misionera? En una palabra, en la globalidad de los testigos oculares que proclamaban la palabra, ¿habremos de incluir a la Señora? El estudio de las fuentes nos conduce a esa conclusión. Véase, al final de este capítulo, *rasgos para una fotografía*.

Primeros años

Cuando los apóstoles, después de Pentecostés, se extendieron sobre la tierra para anunciar las «noticias» de última hora, llevaban en sus almas las marcas de unas profundas cicatrices psicológicas, permítaseme la expresión.

¿Qué había acontecido? Una serie encadenada de sucesos los había golpeado profundamente. Efectivamente, un día no muy lejano, contra todo lo que «esperaban» (Lc 24,21), sucesivos acontecimientos, en remolino, se abatieron sobre Jesús, maestro y líder; lo envolvieron y lo arrastraron inexorablemente al torrente de la crucifixión y de la muerte. Ellos mismos, a duras penas consiguieron escaparse de esa misma suerte.

Como consecuencia, quedaron destrozados, desorientados, sin fe, sin esperanza y con miedo (Jn 20,19).

A los pocos días, la resurrección fue para ellos un golpe violentísimo que los levantó, como un huracán, casi hasta el paroxismo. Parecían aturdidos, alucinados, como autómatas que no pueden dar crédito a lo que están viendo y oyendo. No esperaban ni lo uno ni lo otro, a pesar de que ya se les habían anunciado ambas cosas. Después de unas semanas llegó el Espíritu Santo. Por primera vez, ahora comenzaban a entenderlo todo: el universo de Jesús, su persona, su función central en la historia de la salvación. Por fin, todo quedaba claro.

Y en este momento, al salir al mundo, los apóstoles llevaban dos profundas «heridas»: la muerte y la resurrección de Jesús. Estas eran las «novedades» fundamentales; era el misterio pascual. Y, esparcidos por el mundo, comienzan a hablar. Parecen obsesionados. Para ellos no existen noticias importantes sino esas noticias que *salvan:* la humillación y exaltación de Jesús. Sólo eso salva. Lo demás, ¿para qué? Y en esos primeros años no consiguen hablar más que de eso.

En este marco psicológico, todo lo que no hiciera referencia directa al misterio pascual no tenía significación ni importancia para ellos. Y, así, dejan de lado pormenores que, para el gusto moderno, son tan sabrosos: dónde y cuándo nació Jesús. Qué le sucedió en los primeros días, en los primeros años. Quiénes y cómo eran sus padres. Cómo venía su línea ascendente, en el árbol genealógico. Cuál era el orden exacto en la cronología y en los relatos... Todo esto y semejantes preocupaciones eran para ellos curiosidad inútil. No importaban los datos biográficos sino los hechos soteriológicos.

Y así, en este estado de ánimo y en esta jerarquía de valores, fácilmente podemos comprender que los relatos que se refieren a la infancia no tienen valor fundamental para ellos, al menos en los primeros años. Tampoco tenían importancia las noticias referentes a la persona de María.

Pasaron los primeros años. Y un día, esas noticias comenzaron a tener interés y a circular por las comunidades palestinenses. ¿Cómo fue eso?

Cuando las primeras comunidades, bajo la inspiración del Espíritu, comenzaron a proclamar a Jesús como *Kirios —Señor Dios—,* sintieron necesidad de completar la perspectiva histórica del Señor Jesús. Necesitaban saber quién fue históricamente esa persona única, dónde nació, cómo vivió, qué enseñó.

Ahora bien, en una gran zona de silencio que se cernía sobre el Señor Jesús, no había otro testigo ocular sino María. Y ella se transformó en la evangelista de aquellas novedades, ignoradas por los demás.

A través de la crítica interna

Sin embargo, aún siguen en pie las preguntas que hemos formulado más arriba. ¿Quién fue el receptor de los secretos de María? ¿Quién fue el redactor de esos dos primeros capítulos de Lucas? En caso de que Lucas no sea el autor material de tales páginas, ¿dónde nacieron esas noticias y cómo llegaron a las manos de Lucas?

Siguiendo las investigaciones del gran exégeta Paul Gechter, vamos a afirmar, primeramente, que no fue Lucas el redactor de esas páginas, sino que las encontró en su tarea investigadora y las insertó en su evangelio.

Realmente es improbable, casi imposible, que el médico evangelista recibiera esa información directamente de labios de María. Si Lucas escribió su evangelio entre los años setenta y ochenta (cronología sumamente incierta pero, hoy por hoy, la más aproximativa), es difícil imaginar que María viviera por esos años. Le correspondería tener más de noventa años. Dentro de los parámetros de longevidad de un país infradesarrollado, no se puede pensar que María viviera tantos años. Es preciso, pues, descartar la hipótesis de que Lucas recibiera, de labios de María, una información directa sobre la infancia de Jesús.

Por otra parte, la crítica interna de esos dos deliciosos capítulos hace también descartar la hipótesis de la paternidad lucana. La estructura interna de esas páginas es enteramente semítica tanto en el estilo general como en la cadencia y ritmo de sus expresiones.

Lucas nació en Antioquía, ciudad grecorromana, a más de mil kilómetros de distancia del escenario bíblico. Además había nacido en el paganismo, como se deduce claramente del contexto del capítulo cuarto de la *Carta a los colosenses.*

En contraste, el que escribió esos dos primeros capítulos estaba enteramente familiarizado con la mentalidad semítica y con la inspiración general veterotestamentaria. Un convertido, es decir, una persona que no ha mamado desde su infancia la inspiración bíblica, difícilmente podríamos imaginar que estuviera saturado del texto y contexto del Antiguo Testamento, como aparece el autor de esos dos capítulos.

El evangelista médico se encontró, pues, con esos apuntes y los insertó en su evangelio. La actividad de Lucas respecto a esos capítulos, si es que existió tal actividad, debió ser insignificante, como la de aquel que retoca detalles de forma. A través de un aparato crítico, tremendamente complejo y sólido, Paul Gechter llega a esa misma conclusión:

> «La conclusión legítima es que Lucas ha copiado el documento griego tal como lo halló, aunque, ocasionalmente, haya podido acomodarlo a su propio gusto literario.
>
> El fondo cultural que se refleja hasta en sus menores detalles, la estrofación semítica de las partes dialogadas, excluyen toda intervención lucana de alguna importancia» (2).

---

(2) PAUL GECHTER, *María en el Evangelio*, Bilbao 1959, 40.

21

Juan, el «hijo»

Si no fue Lucas el confidente que recibió las noticias sobre la infancia, ni tampoco su redactor material, ¿por dónde llegaron a sus manos esos apuntes tan preciosos?

Dentro de un cálculo normal de probabilidades, lo primero que se nos ocurre pensar es que fue el apóstol Juan quien primeramente recibió y recopiló las confidencias de María. Efectivamente, «desde entonces», Juan acogió a María «en su casa». Esta expresión, tan cargada de significado, insinúa un universo sin límites de vida. Entre María y Juan no debieron existir secretos ni reservas. Juan debió cuidar de María con un trato delicado, único, hecho de cariño y veneración, ahora que ella se iba aproximando al ocaso de su vida.

A mí me parece que el primero en recibir las confidencias, de parte de María, fue el «hijo» Juan. En este libro veremos cómo María no comunicó a nadie los grandes secretos de su corazón. Quizá a Isabel. Pero, aun en este caso, no debemos olvidar que, para cuando María llegó a Ain Karim (Lc 1,39 ss), el Secreto Fundamental ya estaba en poder de Isabel, seguramente entregado directamente por Dios.

Sin embargo, la crítica interna señala que no fue Juan el compilador ni el redactor de esos apuntes. El estilo de Juan es inconfundible. Juan conservó unos cuantos recuerdos de la vida de Jesús. Sobre la base de esos recuerdos, Juan fue profundizando en el misterio trascendente de Jesús, a lo largo de su existencia. Y esa reflexión teológica la fue virtiendo en sus escritos en forma de ideas-fuerza como Vida, Amor, Luz, Verdad, Camino... El discípulo predilecto no escribe dos páginas en las que no aparezca alguna de estas ideas-fuerza.

En esos capítulos lucanos no aparece nada que indique la paternidad de Juan.

María misionera

Si no fueron los autores ni Lucas ni Juan, ¿quiénes fueron? ¿Qué aconteció?

Tenemos que retroceder y llegar hasta aquella cámara cerrada y sellada. Las noticias podían andar de boca en boca, como las aguas del torrente andan de piedra en piedra. Pero ¿cómo y cuándo abrió María aquella fuente sellada?

En los evangelios aparecen grupos de mujeres en torno a Jesús. El evangelista médico señala que, allá lejos, observaban la agonía del Crucificado «las mujeres que lo habían acompañado desde Galilea» (Lc 23,49). Estas mujeres, ¿serían aquellas mismas que le servían con sus bienes en los días de Galilea? (Lc 8,2 ss).

Juan recuerda que, después de que Jesús manifestó su gloria en Caná, su madre descendió con El a Cafarnaúm (Jn 2,12). Y el mismo Juan coloca a María entre varias mujeres, junto a la cruz de Jesús (Jn 19,25).

He aquí, pues, a María formando parte de un grupo de mujeres, aún en los días de Jesús, como en una escuela de formación. No sabemos qué grado de intimidad existió entre María y estas mujeres. Sea como fuere, es obvio que, siendo ellas tan entusiastas seguidoras de Jesús, indagarían de María los pormenores de la infancia y preguntarían detalles sobre ciertas épocas de la vida de Jesús de las que nadie sabía nada.

Pasaron los días. Pasaron también aquellos acontecimientos que estuvieron a punto de desequilibrar a todos. Llegó el Consolador. A su luz, la comunidad confesó a Jesús como Cristo y Señor. A estas alturas, María no podía ocultar las maravillas que se habían operado desde los días primitivos. Era la hora exacta para revelar las novedades escondidas.

¿Cómo se hizo? Yo no podría imaginarme a María pasando por las comunidades como una predicadora ambulante, anunciando *kerigmáticamente* —como una trompeta— las noticias inéditas sobre Jesús. Entonces, ¿qué aconteció?

Paul Gechter, con un voluminoso «dossier» de argumentos supone y demuestra, a partir de la crítica interna, que fue un pequeño e íntimo círculo femenino quien primeramente recibió las confidencias de María. Los recuerdos son estrictamente maternales y fueron conservados en ese aire maternal e íntimo, típicamente femenino.

> «El sello de femineidad se desprende no sólo del asunto tratado sino también del poco interés por las cuestiones jurídicas» (3).

> «Todos los recuerdos surgen empapados de perspectiva maternal» (4).

> «El ambiente más apto para la transmisión de la historia de la infancia de Jesús lo constituía el mundo femenino. Los niños son la eterna atracción de las mujeres» (5).

Los investigadores que estudian el contexto vital de las primeras comunidades, resaltan un fenómeno que

---

(3) PAUL GECHTER, *o. c.*, 100.
(4) PAUL GECHTER, *o. c.*, 91.
(5) PAUL GECHTER, *o. c.*, 103.

conmueve mucho: dicen que la veneración por María brotó en ellas casi desde el primer momento. Harnach dice:

> «El círculo de donde procedieron los relatos de la infancia sentía una gran veneración por María, a la que colocaba en un primer plano juntamente con su Hijo.»

También Rudolf Bultmann dedujo, de sus investigaciones, que las primeras comunidades cristianas sentían «una devoción especial y notoria por la Madre del Señor».

Debemos, pues, pensar que existió un grupo femenino que rodeó a María con gran confianza y cariño. Este grupo sentía una profunda veneración por ella, no solamente por ser ella venerable, por tratarse de la Madre del Señor, sino porque ella misma se hacía reverenciar por su permanente comportamiento, lleno de dignidad, humildad y paz.

Uno de estos círculos femeninos fue, pues, el depositario de las confidencias y novedades, cuando la Señora fue convenciéndose de que se aproximaba el término de su existencia y de que no debieran existir secretos sobre aquel —su Hijo— que ahora era proclamado como Cristo y Señor. María hablaría en primera persona, y ellas pondrían esas palabras en tercera persona, en una pequeña variación gramatical. Y agregarían quizá algún detalle intrascendente para resaltar el papel central de María.

Posiblemente estos recuerdos de María cayeron en manos de algún discípulo que tenía algunas nociones teológicas. Les agregó algunos retoques incidentales, y, de esta manera, los apuntes comenzaron a circular por las comunidades palestinenses.

Lucas, que fue investigando entre los testigos oculares y entre las primeras comunidades, se encontró con esta verdadera joya y la insertó en su evangelio.

Todo esto está significando que las noticias contenidas en los dos primeros capítulos de Lucas fueron comunicadas directamente por María. Esas novedades, fuera de pequeños retoques de forma, salieron de los labios de la Señora. Por eso conservan ese inmediatismo hecho de intimidad y proximidad. Además, son palabras que están en perfecta concordancia con la personalidad, conducta y reacciones de María.

Como analizaremos a lo largo de este libro, María ocupa siempre en esta narración un segundo lugar, precisamente porque son palabras que salieron de su boca. En esos capítulos nos encontramos con descripciones elogiosas de Zacarías, de Isabel, de Simeón y de Ana. De ella misma apenas dice nada.

La humildad y la modestia envuelven permanentemente, como una atmósfera, la vida de la Señora. Ella nunca concentra la atención. María siempre proclama y remite. Remite al Otro. Sólo Dios es importante.

2. Rasgos para una fotografía

Nos hemos dado una zambullida en las profundas, y no muy claras, aguas de las primeras comunidades. Y hemos regresado cargados de impresiones, de intuiciones y también de algunas deducciones.

Y con estas impresiones voy a intentar trazar algunos rasgos provisionales sobre la figura de María que, a lo largo de este estudio, irán completándose.

Nació Jesús, según la carne, y sus primeros días transcurrieron entre persecuciones y fugas. Fue María, su Madre, la que lo cuidó y defendió. Nació Jesús, según el Espíritu —la Iglesia—, y nació en medio de una tempestad, y de nuevo fue María la que lo defendió, lo consoló y lo fortaleció.

Sin embargo, tenemos la impresión de que esta función materna en la Iglesia primitiva, la ejerció María de una forma tan discreta como eficaz. El autor de los *Hechos* ni siquiera se percató de ello, o no lo valoró suficientemente; o, por lo menos, no lo consiguió en su libro. Tenemos la impresión de que María actuó silenciosamente, según su costumbre, entre bastidores, y desde ahí dirigió la Iglesia naciente y la animó.

La Madre

¿Quién era ella para la comunidad? ¿Cómo la denominaban? No sería con el nombre de María. Este nombre era tan común...: María de Cleofás, María de Santiago, María la Magdalena... Se precisaba un nombre que especificara mejor su identidad personal. ¿Cuál sería ese nombre?

La comunidad vivía permanentemente la Presencia del Señor Jesús. A Jesús dirigían la alabanza y la súplica. Ahora bien, una comunidad que vive con Jesús y en Jesús, ¿cómo habría de identificar o denominar a aquella mujer? La respuesta cae de su propio peso: era la Madre de Jesús. Así también se expresa siempre el evangelio.

Mas, en realidad, María era más que la madre de Jesús. Era también la madre de Juan. Y era también —¿por qué no?— la madre de todos los discípulos. ¿No era ése el encargo que ella recibió de los labios del Redentor moribundo? Entonces era simplemente *La Madre* a secas, sin especificación adicional. Tenemos la impresión de que, desde el primer momento, María fue identificada y diferenciada con esa función y posiblemente por ese precioso nombre. Esto parece deducirse a partir de la denominación que los cuatro evangelistas le dan a María siempre que ella aparece en escena.

Veremos en otro lugar de este libro de qué manera Jesús, mediante una pedagogía desconcertante y dolorosa, fue conduciendo a María desde una maternidad meramente humana a una maternidad en fe y espíritu. María había dado a luz a Jesús en Belén, según la carne. Ahora que llegaba el nacimiento de Jesús según el espíritu —Pentecostés—, el Señor precisaba de una madre en el Espíritu.

Y así Jesús fue preparando a María, a través de una transformación evolutiva, para esa función espiritual. Debido a eso, Jesús aparece muchas veces en el evangelio como subestimando la maternidad meramente humana. Y llegado Pentecostés, María ya estaba preparada, ya era la Madre en el Espíritu; y aparece presidiendo y dando a luz aquella primera y pequeña célula de los Doce que habrían de constituir el Cuerpo de la Iglesia.

María, según aparece en los evangelios, nunca fue una mujer pasiva o alienada. Ella cuestionó la proposición del ángel (Lc 1,34). Por sí misma tomó la iniciativa y se fue rápidamente, cruzando montañas, para ayudar a Isabel en los últimos meses de gestación y en los días del parto (Lc 1,39 ss). En la gruta de Belén ella, ella sola, se defendió para el complicado y difícil momento de dar a luz (Lc 2,7). ¿Qué vale, para ese momento, la compañía de un varón?

Cuando se perdió el niño, la Madre no quedó parada y cruzada de brazos. Tomó rápidamente la primera caravana, subió de nuevo a Jerusalén, recorrió y removió cielo y tierra, durante tres días, buscándolo (Lc 2,46). En las bodas de Caná, mientras todo el mundo se divertía, sólo ella estaba atenta. Se dio cuenta de que faltaba vino. Tomó la iniciativa y, sin molestar a nadie, ella misma quiso solucionarlo todo, delicadamente. Y consiguió la solución.

En un momento determinado, cuando decían que la salud de Jesús no era buena, se presentó en la casa de Cafarnaúm para llevárselo, o por lo menos para cuidarlo (Mc 3,21). En el Calvario, cuando ya todo estaba consumado y no había nada que hacer, entonces sí, ella quedó quieta, en silencio (Jn 19,25).

Es fácil imaginar qué haría una mujer de semejante personalidad en las circunstancias delicadas de la Iglesia naciente. Sin extorsionar la naturaleza de las cosas, a partir de la manera normal de actuar de una persona como María, yo podría imaginar, sin miedo a equivocarme, qué hacía la Madre en el seno de aquella Iglesia naciente.

Podría imaginar las palabras que diría al grupo de discípulos cuando partían hacia lejanas tierras para proclamar el Nombre de Jesús. Puedo imaginar qué palabras de fortaleza y consuelo diría a Pedro y Juan, después que éstos fueron arrestados y azotados.

Ella, tan excelente receptora y guardadora de noticias (Lc 2,19; 2,51), puedo pensar cómo transmitiría las noticias sobre el avance de la palabra de Dios en Judea y entre los gentiles (He 8,7), y cómo, con esas noticias, consolidaría la esperanza de la Iglesia.

Allá en Belén, en Egipto, en Nazaret, Jesús no era nada sin su Madre. Le enseñó a comer, a andar, a hablar. María hizo otro tanto con la Iglesia naciente. Siempre estaba detrás del escenario. Los discípulos ya sabían dónde estaba la Madre: en casa de Juan. ¿No sería María la que convocaba, animaba y mantenía en oración al grupo de los comprometidos con Jesús? (He 1,14).

¿No sería la Madre la que aconsejó cubrir el vacío que dejó Judas en el grupo apostólico para no descuidar ningún detalle del proyecto original de Jesús? (He 1, 15 ss). ¿De dónde sacaban Pedro y Juan la audacia y las palabras que dejaron mudos y asombrados a Anás, Caifás, Alejandro y demás sanedritas? (He 4,13). ¿De dónde sacaron Juan y Pedro aquella felicidad y alegría por haber recibido los cuarenta azotes menos uno, por el Nombre de Jesús? (He 5,41). Detrás estaba la Madre.

¿Adónde iría Juan a consolarse después de aquellos combates turbulentos? ¿Acaso no convivía con la Madre? ¿Quién empujaba a Juan a salir todos los días al templo y a las casas particulares para proclamar las estupendas noticias del Señor Jesús? (He 5,42). Detrás de tanto ánimo, vislumbramos una animadora.

En el día en que Esteban fue liquidado a pedradas, se desencadenó una furiosa persecución contra la Iglesia de Jerusalén; y los seguidores de Jesús se dispersaron por Samaría y Siria. Los apóstoles, sin embargo, decidieron quedarse en la capital teocrática (He 8,1 ss). En este día, ¿dónde se congregaron los apóstoles para buscar consuelo y fortaleza? ¿No sería en casa de Juan, junto a la Madre de todos?

Juan y Pedro aparecen siempre juntos en esos primeros años. Si María vivía en casa de Juan, y éste era alentado y orientado por la Madre, ¿no haría ella otro tanto también con Pedro? Ambos —Pedro y Juan— ¿no tendrían sus reuniones en casa de Juan, juntamente con María, a quien veneraban tanto?

¿No sería ella la consejera, la consoladora, la animadora, en una palabra, el alma de aquella Iglesia que nacía entre persecuciones? ¿No sería la casa de Juan el lugar de reunión para los momentos de desorientación, para los momentos de tomar decisiones importantes?

Si advertimos la personalidad de María y si partimos de sus reacciones y comportamiento general en los días del evangelio, dentro de un cálculo normal de probabilidades podemos acabar en la siguiente conclusión: todas esas preguntas deben ser respondidas afirmativamente.

La Biblia fue escrita dentro de ciertas formas culturales. Muchas de sus páginas se escribieron en una sociedad patriarcal, en una atmósfera de prejuicios respecto a la mujer. Es un hecho conocido que, tanto en el mundo grecorromano como en el mundo bíblico, por aquel entonces la mujer estaba marginada. En ese contexto, no era de buen tono que un escritor destacara la actuación brillante de una mujer. Si no fuera por ese prejuicio, ¡de cuántas maravillas no nos hablaría el libro de los *Hechos,* maravillas silenciosamente realizadas por la Madre...!

Allá entre los años noventa y noventa y cinco, cuando el «hijo» Juan tenía más de ochenta años, recordaba una historia ya lejana pero siempre emocionante.

En el momento culminante, desde la cruz, Alguien le dio un encargo con carácter de última voluntad: Juan, cuida con cariño de mi madre, ¡hazlo en recuerdo mío! Quiso decirle mucho más que eso, pero también eso. Desde entonces pasaron muchos años... Pero ahora sólo recordaba que «la acogió en su casa». Nada más. Pero cuánta vida encierran esas breves palabras. Cuánto significan.

¿Cómo fue aquella vida? ¿Cuál era la altura y la profundidad de la comunión entre estos dos seres excepcionales?

A Juan ya lo conocemos. Su alma se transparenta en sus escritos como un espejo: ardiente como el fuego, suave como la brisa. Juan es un hombre cariñoso, de esa clase de personas a las que la soledad las abate y en la intimidad se abren como una flor. A María ya la conocemos: silenciosa como la paz, atenta como un vigía, abierta como una madre.

A mí me parece que nunca se dio en este mundo

una relación de tanta belleza entre dos personas. ¿Cómo fue aquello? ¿Quién cuidaba a quién: el hijo a la madre o la madre al hijo? Existen ciertas palabras en el diccionario que, de tanto repetirse, pierden el encanto. Esas palabras, en esta relación entre María y Juan, recuperaron su frescura original: cariño, delicadeza, cuidado, veneración... Todo eso y mucho más fue tejiendo la intimidad envolvente dentro de la cual vivieron estos dos privilegiados. Fue algo inefable.

Cuando ellos dos hablaban de Jesús, y evocaba cada cual sus recuerdos personales, y en esa meditación a dos esas dos almas penetrantes y ardientes comenzaban a navegar en las aguas profundas del misterio trascendente del Señor Jesucristo..., aquello debió ser algo nunca imaginado. El *Evangelio de Juan* ¿no será el fruto lejano de la reflexión teológica entre María y Juan?

¡Cómo sería el cuidado y la atención de Juan sobre los últimos años de la vida de la Madre, cuando sus fuerzas declinaban notoriamente y su espíritu tocaba las alturas más altas...! ¡Cómo sería el suspenso, la pena y... (¿cómo decir?) casi adoración, cuando Juan asistió al tránsito inefable de la Madre y cerró sus ojos!

Juan fue, seguramente, el primero en experimentar aquello que nosotros llamamos la *devoción a María*: amor filial, admiración, disponibilidad, fe...

El Espíritu Santo

No sé qué tiene María. Allá donde ella se hace presente se da una presencia clamorosa del Espíritu Santo. Esto acontece desde el día de la Encarnación. Aquel día —yo no sé cómo explicar— fue la «Persona» del Espíritu

Santo la que tomó posesión total del universo de María. Desde aquel día, la presencia de María desencadena una irradiación espectacular del Espíritu Santo.

Cuando Isabel escuchó el ¡hola, buenos días! de María, automáticamente «quedó llena del Espíritu Santo» (Lc 1,41). Cuando la pobre Madre estaba en el templo, con el niño en los brazos, esperando su turno para el rito de la presentación, el Espíritu Santo se apoderó del anciano Simeón para decir palabras proféticas y desconcertantes.

En la mañana de Pentecostés, cuando el Espíritu Santo irrumpió violentamente, con fuego y temblor de tierra, sobre el grupo de los comprometidos, ¿acaso no estaba este grupo presidido por la Madre? (He 1,14). No sé qué relación existe: pero algún parentesco misterioso y profundo se da entre estas dos «personas».

El libro de los *Hechos* recibe el nombre de «Evangelio del Espíritu Santo», y con razón. Es impresionante. No hay capítulo donde no se mencione al Espíritu Santo tres o cuatro veces. En este libro se describen los primeros pasos. ¿No es verdad que esa Iglesia naciente, que estaba presidida por la presencia invisible del Espíritu Santo, estaba también presidida por la presencia silenciosa de la Madre, como hemos visto más arriba?

En todo caso, si los apóstoles recibieron todos los dones del Espíritu en aquel amanecer de Pentecostés, podremos imaginar qué plenitud recibiría aquella que antes recibiera la Presencia personal y fecundante del Espíritu Santo. La audacia y la fortaleza con las que se desenvuelve la Iglesia en sus primeros días, ¿no sería una participación de los dones de la Madre?

De verdad, el título más preciso que se le ha dado a María es éste: *Madre de la Iglesia*.

Con estas reflexiones, llegamos a comprender lo que nos dice la investigación histórica:

— María dejó en el alma de la Iglesia primitiva una impresión imborrable.

— La Iglesia sintió desde el primer momento una viva simpatía por la Madre y la rodeó de cariño y veneración.

— El culto y la devoción a María se remonta a las primeras palpitaciones de la Iglesia naciente.

«Una exégesis que ve, oye y entiende los comienzos, atestigua la veneración y la alegría que entonces, y siempre en aumento, se han sentido por ella» (6).

---

(6) KARL HERMANN SCHELKLE, *María Madre del Redentor*, Herder, Barcelona 1965, 93.

Capítulo segundo

PEREGRINACION

Avanzó en la peregrinación de la Fe
(LG 56)

Abandónate en silencio al Señor, y pon tu
confianza en El (Sal 36)

1. Eterno caminar

Creer es entregarse. Entregarse es caminar incesantemente tras el Rostro del Señor. Abraham es un eterno caminante en dirección de una Patria soberana, y tal Patria no es sino el mismo Dios. Creer es partir siempre.

Antes de entrar a estudiar la fe de María, voy a hacer aquí una amplia reflexión, no sobre la naturaleza de la fe, sino sobre las alternativas de su vivencia. En una palabra, la fe como vivencia de Dios.

No hay en este mundo cosa más fácil que manipular conceptos sobre Dios y, con esos conceptos, construir fantásticos castillos en el aire. Y no hay en este mundo cosa más difícil que llegar al encuentro del *mismísimo* Dios, que siempre está más allá de las palabras y de los conceptos. Para ello es preciso atravesar el bosque de la confusión, el mar de la dispersión y la oscuridad inquebrantable de la noche. Y, de esta manera, llegar a la claridad del Misterio.

El Misterio de Dios

Dios es impalpable como una sombra y, al mismo tiempo, sólido como una roca. El Padre es eminentemente Misterio, y el misterio no se deja atrapar ni analizar. El misterio, simplemente, se acepta en silencio.

Dios no está al alcance de nuestra mano, como la mano de un amigo que podemos apretar con emoción. No podemos manejar a Dios como quien manipula un libro, una pluma o un reloj. No podemos decir: Señor mío, ven esta noche conmigo, mañana puedes irte. No lo podemos manipular.

Dios es esencialmente desconcertante porque es esencialmente gratuidad. Y el primer acto de la fe consiste en aceptar esa gratuidad del Señor Dios. Por eso, la fe es levantarse siempre y partir siempre para buscar un Alguien cuya mano nunca estrecharemos. Y el segundo acto de la fe consiste en aceptar con paz esa viva frustración (1).

Pero si el Padre es un misterio inaccesible, es también un misterio fascinante. Si alguno se le aproxima mucho, ilumina y calienta. Pero si se le aproxima más todavía, entonces incendia. La Biblia es un bosque de hombres incendiados.

No se le puede mirar a la cara, dice la Biblia. En otras palabras, Dios no puede ser dominado intelectualmente mientras estamos errantes por el mundo. Tampoco se le puede poseer vitalmente. Eso sólo será posible cuando hayamos rebasado las fronteras de la muerte. En cuanto somos caminantes, si una persona consiguiera «mirarlo a la cara», esa persona moriría (Ex 33,19-23).

---

(1) Puede consultarse mi libro *Muéstrame tu Rostro*, pp 133-174.

Hablando con otras palabras, el Señor Dios no puede entrar en el proceso normal del conocimiento humano. Todas las palabras que aplicamos al Señor para entenderlo, mejor dicho, para entendernos acerca de quién es el Señor Dios, son semejanzas, analogías, aproximaciones. Por ejemplo, cuando decimos que Dios es padre tendríamos que agregar inmediatamente que no es exactamente padre. Es más que padre; mejor, es otra cosa que padre.

Así, por ejemplo, nosotros sabemos qué significa en el lenguaje humano la palabra *persona*. Para entendernos quién o cómo es nuestro Dios, tomamos el contenido de la palabra *persona*, transportamos ese contenido, lo aplicamos a Dios y decimos: Dios es persona. Pero Dios es Otra Cosa. En una palabra, Dios no cabe en las palabras. Todas las palabras referentes a El tendrían que ir en negativo: así, por ejemplo, inmenso, infinito, invisible, inefable, incomparable... Eso quiere decir la Biblia cuando afirma que no se le puede «mirar a la cara».

De modo que nuestro Dios está siempre más allá de las palabras y también de nuestros conceptos. El es *absolutamente otra cosa,* o absolutamente absoluto. Hablando con exactitud, Dios no puede ser objeto de intelección sino objeto de fe. Esto quiere decir que a Dios no se le entiende, se le acoge. Y si se le acoge de rodillas, se le «entiende» mejor.

Sabemos que el Padre siempre está con nosotros, pero nunca nos dará la mano, nadie mirará a sus ojos. Son comparaciones. En palabras más simples, se quiere decir —repetimos— que el Padre es absolutamente diferente de nuestras percepciones, concepciones, ideas y expresiones... Se quiere decir que una cosa es la palabra Dios y otra cosa es *Dios mismo*. Queremos decir que nunca las palabras abarcarán la inmensidad, amplitud y profundidad del misterio total de nuestro querido Padre.

Por eso, en la Biblia Dios es aquel que no se le puede nombrar. Existen tres preguntas que, en el contexto bíblico, encierran idéntico contenido: ¿quién eres?, ¿qué eres?, ¿cómo te llamas? En la montaña, Moisés pregunta a Dios por su *nombre*. Y Dios responde con el *ser*. ¿Cómo te *llamas*? *Soy* lo que soy (Ex 3,14). Dios responde evasivamente. El es, exactamente, el Sin Nombre, el In-Efable. De esta manera, la Biblia expresa admirablemente la trascendencia de Dios. En otro momento, al preguntársele a Dios por su nombre, El responde significativamente: «¿Para qué quieres saber mi nombre? Es misterioso» (Jue 13,18-20).

Nuestra vida de creyentes es un caminar por el mundo buscando el misterio del Padre entre penumbras. En esta tierra podemos encontrar huellas borrosas de El, pero nunca su cara.

Las estrellas fulgurantes, en una noche profunda, pueden evocar el misterio del Padre, pero el Padre mismo está mucho más allá de las estrellas y mucho más acá. La música, las flores, los pájaros pueden evocar a Dios. Pero *Dios mismo* está mucho más allá de todo eso.

Nunca nadie vivió con tanta familiaridad con todas las hermanas criaturas como Francisco de Asís. Todas las criaturas eran para él teofanía o transparencia de Dios. Pero cuando Francisco quería encontrarse con el *mismísimo* Dios, él se metía en las cavernas solitarias y oscuras.

Dios está, pues, más allá y por encima de nuestras dialécticas, procesos mentales, representaciones intelectuales, inducciones y deducciones. Por eso, nuestra fe es una peregrinación, porque tenemos que seguir buscando el rostro del Padre entre sombras profundas.

A veces vemos las huellas de unos pies que pasaron por esta arena y decimos: por aquí pasó una persona. Hasta podemos añadir: era un adulto, era un niño. Son los vestigios. Nosotros, de esta manera, vamos descubriendo el misterio de Dios sobre la tierra. Otras veces lo conocemos por deducciones y decimos: esto no tiene explicación posible si no admitimos una inteligencia creadora. Nuestro caminar por el mundo de la fe es, pues, por las veredas de las analogías, evocaciones y deducciones.

¿Podrá, alguna vez, un ciego de nacimiento adivinar el color de una llama de fuego? Los colores nunca entraron en su mente. Por eso no sabrá identificar, reconocer y discernir los colores. Los colores lo trascienden. ¿Podrá la retina captar alguna vez el más pequeño fulgor de la majestad de Dios? El no puede entrar en nuestro juego, en la rueda de nuestros sentidos. El está por encima. Está en otra órbita. Nos trasciende. Nuestro Padre es un Dios inmortal y vivo sobre el que nunca caerán ni la noche ni la muerte ni la mentira. Nunca será alcanzado por el sonido, la luz, el perfume y las dimensiones.

No puede ser conquistado por las armas de la inteligencia. Conquistar a Dios consiste en dejarse conquistar por El. A Dios se le puede asumir, se le puede acoger. En una palabra, el Señor Dios es, fundamentalmente, objeto de fe. No podemos «agarrar» a Dios, es imposible dominarlo intelectualmente. Somos caminantes. Siempre partimos y nunca llegamos.

Por eso, para los hombres de la Biblia Dios no es un divertimiento intelectual. Es un Alguien que produce tensión, genera drama. El hombre en la Biblia siempre luchó con Dios. Y, ¡oh contraste!, para triunfar en este singular combate es preciso permitir ser atacado y vencido, como Jacob en aquella noche.

Debido a eso, el Señor Dios siempre llama a sus hombres para ese combate a las soledades de las montañas, desiertos y cavernas: al Sinaí, al torrente Querit, al Monte Carmelo, al monte de los Olivos, al monte Alvernia, a la cueva de Manresa...

Insatisfacción y nostalgia

Hubo Alguien que llegó de la Casa del Padre y nos dijo que el Padre es como una esmeralda que despide una luz diferente a nuestra luz. Y es de tal resplandor que vale la pena vender todas las cosas para poder poseer ese tesoro. Y delante de nuestros ojos asombrados, el Enviado Jesús nos presentó al Padre como un crepúsculo bellísimo, como un amanecer resplandeciente, y encendió en nuestros corazones la hoguera de una infinita nostalgia por El.

Y vino a decirnos que el Padre es mucho más grande, admirable, magnífico e incomparable que todo lo que nosotros podíamos pensar, soñar, concebir o imaginar. «Los ojos nunca vieron, los oídos no oyeron y el corazón humano jamás podrá imaginar lo que Dios tiene preparado para los que le aman» (1 Cor 2,9). Todo el que es devorado por la nostalgia, es un caminante.

Incluso antes de venir Jesús, Dios había cortado al hombre a su propia medida. Colocó una marca de sí mismo en nuestro interior. Nos hizo como un pozo de infinita profundidad que sólo un Infinito puede llenar. Todas las facultades y sentidos del hombre pueden estar satisfechos, pero el *hombre* siempre queda insatisfecho. El insatisfecho es también un caminante.

El hombre es un ser extraño entre los seres de la creación. Nos sentimos como eternos exilados, devorados por la nostalgia infinita por un Alguien que nunca hemos visto, por una Patria que nunca hemos habitado. ¡Extraña nostalgia!

En tanto la piedra, el roble o el águila se sienten plenos y no aspiran a más, el hombre es el único ser de la creación que puede sentirse insatisfecho, frustrado. Debajo de nuestras satisfacciones arde la hoguera de una profunda insatisfacción. Ella, a veces, es como el fuego semiapagado debajo de la ceniza gris. Otras veces se transforma en una llama devoradora. Esa insatisfacción es la otra cara de la nostalgia de Dios y nos torna en caminantes que buscan el Rostro del Padre. Esa insatisfacción es para el hombre la maldición y la bendición.

¿Qué es el hombre? Es como una llama viva, erguida hacia las estrellas, siempre dispuesto a levantar unos brazos para suspirar: «¡Oh Padre!» Como un niño que siempre grita: «Tengo hambre, tengo sed.» Siempre sueña en tierras que están más allá de nuestros horizontes, en astros encendidos que están más allá de nuestras noches. Un «peregrino de lo Absoluto», como diría León Bloy.

Desierto

Creer es, pues, un eterno caminar por las calles oscuras y casi siempre vacías, porque el Padre está siempre entre sombras espesas. La fe es eso precisamente: peregrinar, subir, llorar, dudar, esperar, caer y levantarse, y siempre caminar como los seres errantes que no saben dónde dormirán hoy y qué comerán mañana. Como Abraham, como Israel, como Elías, como María.

Símbolo de esa fe fue la travesía que hizo Israel desde Egipto hasta la tierra de Canaán. Ese desierto, que los blindados modernos hoy día cruzan en pocas horas, para Israel fueron 40 años de arenas, hambre, sed, sol, agonía y muerte.

Israel salió de Egipto y se internó en el desierto, entre montañas de roca y arena. Había días en que la esperanza, para Israel, estaba muerta y los horizontes cerrados. Entonces Dios tomaba la forma de una sombra dulcísima, en forma de nube que los cubría contra los rayos hirientes y quemantes del sol. A veces, en esta peregrinación, Dios es así: cuando su rostro se transforma en presencia no hay en el mundo dulzura más grande que Dios.

Otras veces, para Israel la noche era negra y pesada, sentían miedo y no veían nada. Dios entonces se hacía presencia en forma de una antorcha de estrellas, y la noche brillaba como el mediodía, y el desierto se transformaba en oasis. Pero la peregrinación, normalmente, es desierto.

Así acontece también en nuestra propia peregrinación. A veces tenemos la impresión de que nada depende de nosotros. De repente arden las primaveras y resplandecen los días. Al atardecer negras nubes cubren el cielo, y de noche el firmamento queda sin estrellas.

Así va nuestra vida. Hoy nos sentimos seguros y felices porque la sonrisa de Dios brilla sobre nosotros. Hoy la tentación no nos va a doblegar. Mañana se esconde el sol del Padre y nos sentimos frágiles como una caña y cualquier cosa nos irrita. Nos devora la envidia. Tenemos ganas de morir. Nos sentimos como hijos infieles e infelices que gritan: «¡Oh Padre, ven pronto, tómanos de la mano!»

En esta vida de fe, para los peregrinos que buscan *de verdad* el rostro de Dios, no hay cosa más pesada que la ausencia del Padre —aunque para el ojo de la fe, que ve lo esencial, El siempre está presente—. Y no hay dulzura más embriagadora que cuando el rostro del Padre comienza a asomarse detrás de las nubes.

Crisis

En Cadesh Barne fue atrapado Israel entre la arena y el silencio. Experimentó de cerca que el desierto podía ser su tumba. A su alrededor se levantaron, altas y amenazadoras, las sombras del desaliento, del miedo y del deseo de volver atrás. Cayó sobre ellos el silencio de Dios, como la presión de cincuenta atmósferas. Asustados, los peregrinos de la fe comenzaron a gritar: «Moisés, ¿dónde está Dios? ¿Está o no está, realmente, Dios con nosotros?» (Ex 17,7).

Cuando los discípulos escucharon las palabras de Jesús referentes a la Eucaristía, a ellos les parecieron palabras de un demente. ¿Quién puede comer carne humana? Y dijeron: esto es insoportable, «dura es esta palabra», el maestro ha perdido la cabeza, ¡vámonos! Y lo abandonaron (Jn 6,66).

Abraham, Gedeón y otros combatientes de Dios, cuando no sienten a su derredor más que oscuridad, silencio y vacío, buscan impacientemente un agarradero sólido, porque tienen la impresión de palpar sombras, navegando en aguas subjetivas. Y piden a Dios una mano para no naufragar, una «señal» para no sucumbir (Gén 15,8; Jue 6,17; 1 Sam 10,1-7).

Así es en nuestra vida. A veces nos sentimos como niños perdidos en la noche. Cae el desaliento y el miedo sobre nuestras almas. Nos sentimos abandonados, solitarios. Comenzamos a dudar si detrás del silencio estará realmente el Padre junto a nosotros. Entramos en crisis y comenzamos a preguntarnos si las palabras contienen alguna sustancia. Vivir la fe es una peregrinación fatigante, como la travesía de una noche.

Amanecer

Pero llegará el día de nuestra muerte. En ese día acabará la peregrinación, llegará la liberación, y contemplaremos eternamente el rostro del Padre, resplandeciente.

La fe morirá, como un viejo candil cuya luz ya no necesitamos. Morirá también la esperanza, como una nave poderosa y esbelta que nos trajo, navegando a través de olas, noches y tormentas, hasta el puerto prometido. Ahora tenemos que internarnos tierra adentro, cada vez más a fondo, en las regiones infinitas de Dios. Y la nave quedará ahí.

Y sólo queda el Amor, la Vida, la Patria infinita de Dios. Ahora resta Vivir, para siempre, sumergidos, inva-

48

didos y compenetrados por el resplandor de una Presencia que todo lo cubrirá y todo lo llenará, y repetiremos eternamente: ¡Oh Padre infinitamente amante e infinitamente amado! Estas palabras nunca envejecerán.

2. Feliz tú, porque creíste

La vida de María no fue una «tournée» turística. En una jira turística sabemos en qué restaurante comeremos hoy, en qué hotel dormiremos esta noche, qué museos visitaremos mañana. Todo está previsto y no hay lugar para sorpresas.

No fue así en la vida de María. La Madre también fue caminante. Recorrió nuestras propias rutas, y en su caminar existieron las características típicas de una peregrinación: sobresaltos, confusión, perplejidad, sorpresa, miedo, fatiga... Sobre todo, existieron interrogantes: ¿qué es esto?, ¿será verdad?, ¿y ahora qué haremos? No veo nada. Todo está oscuro.

Entre penumbras

«Su padre y su madre estaban admirados de las cosas que se decían de él» (Lc 2,33).

«Pero ellos no entendieron la respuesta que les dio» (Lc 2,50).

Desde los días de Moisés, había una ordenación según la cual todo primogénito masculino —«de hombre o de animal»— era propiedad especial del Señor. El primogénito animal era ofrecido en sacrificio, y el primogénito hombre era rescatado por sus padres en un precio estipulado por la ley. Según esas mismas ordenaciones levíticas, que se remontaban a los días del desierto, la mujer que había dado a luz quedaba «impura» por un período determinado y tenía que presentarse en el templo para ser declarada «pura» por el sacerdote que estaba de turno en el servicio.

Estaba, pues, María con el niño en los brazos en el templo de Jerusalén, junto a la puerta de Nicanor, en el ala este del atrio de las mujeres. Impulsado por el Espíritu Santo, se presentó allí en medio del grupo un venerable anciano. Su vida había sido una llama sostenida por la esperanza. Esa vida estaba a punto de extinguirse.

El venerable anciano tomó al niño de los brazos de su madre, y dirigiéndose a los peregrinos y devotos, les habló unas palabras extrañas: « ¡Adoradores de Yavé! Este que veis aquí, en mis brazos, éste es el Esperado de Israel. Es la luz que brillará sobre todas las naciones. Será bandera de contradicción. Todos tomarán partido frente a El, unos a favor y otros en contra. Habrá resurrección y muerte, ruina y restauración. Y ahora, ya se pueden cerrar mis ojos; ya puedo morir en paz, porque se colmaron mis esperanzas.»

¿Cuál fue la reacción de María ante estas palabras? La Madre quedó muda, «admirada» por todo aquello que se decía (Lc 2,33). Todo le parecía tan extraño. ¿Estaba admirada? Señal de que algo ignoraba y de que no entendía todo, respecto al misterio de Jesús. La admiración es una reacción psicológica de sorpresa ante algo desconocido e inesperado.

Anteriormente había sucedido un episodio semejante. Fue una noche de gloria. Unos pastores estaban de turno guardando sus ovejas. Sorpresivamente, un resplandor divino los envolvió como una luz, vieron y oyeron cosas nunca imaginadas. Se les dijo que había llegado el Esperado y que por eso había alegría y canto. Se les convidó a que hicieran una visita de cortesía; y los signos para identificar al Esperado ya llegado serían éstos: un pesebre y unos pañales (Lc 2,8-16).

Marcharon rápidamente y encontraron a María, José y el Niño. Y les contaron lo que habían presenciado aquella noche.

Y el evangelista agrega: «Y todos los que los oyeron se admiraban de lo que decían» (Lc 2,18).

Otra vez fueron días de agitación y sobresalto, buscando al niño durante varios días. Por fin lo encontraron en el templo. La Madre tuvo una descarga emocional, un «¿qué hiciste con nosotros?» que fue la válvula de escape para la energía nerviosa acumulada durante aquellos días.

La respuesta del niño fue seca, cortante y distante: «¿Por qué os preocupáis de mí? Una gran distancia me separa de vosotros. ¡Mi padre!, mi Padre es para mí la única ocupación y preocupación.» Fue una verdadera declaración de independencia: comprometido, única y totalmente, con el Padre.

¿Qué hizo María? Quedó paralizada, sin entender nada (Lc 2,50), navegando en un mar de oscuridad, pensando, eso sí, qué querrían significar aquellas palabras y, sobre todo, esa actitud.

Estas tres escenas están indicando claramente que los hechos y palabras de Jesús, es decir, su naturaleza trascendente, no fue enteramente comprendida por la Madre o, al menos, no inmediatamente asimilada.

La información sobre la extrañeza (Lc 2,18; 2,33) e ignorancia (Lc 2,50) de María, no pudo salir sino de la misma boca de María. La comunidad, que la veneraba tanto, jamás hubiera dicho por su propia cuenta noticias que menoscabaran la altura y veneración de la Madre. Esto está significando que esa información se ajusta rigurosamente a la objetividad histórica y que —la información— solamente pudo haber salido de los labios de la Señora.

Entre paréntesis, la escena resulta profundamente emocionante: la Madre, en el seno de la comunidad, explicando a un grupo de discípulos, con naturalidad y objetividad, que tales palabras no las entendió, que tales otras le resultaban sorprendentes... La Madre fue conmovedoramente humilde. María fue, fundamentalmente, humildad.

No es exacto decir que María fue invadida por una poderosa infusión de ciencia. Y que por la vía de permanentes y excepcionales gratuidades se le eclipsaron todas las sombras, se le descorrieron todos los velos y se le abrieron todos los horizontes. O que desde pequeña sabía todo lo referente a la historia de la salvación y a la persona y destino de Jesús.

Esto está contra el texto y contexto evangélicos.

Aquí está la razón por la que muchos fieles sienten un «no sé qué» respecto de María. La idealizaron tanto, la mitificaron y la colocaron tan fuera de nuestro alcance, tan fuera de nuestros caminos, que mucha gente sentía, sin saber explicarse, íntimas reservas frente a aquella mujer mágica, excesivamente idealizada.

La vida de María no fue turismo. Igual que todos nosotros, también ella fue descubriendo el misterio de Jesucristo con la actitud típica de los *Pobres de Dios:* abandono, búsqueda humilde, disponibilidad confiante. También la Madre fue peregrinando entre calles vacías y valles oscuros, buscando paulatinamente el rostro y la voluntad del Padre. Igual que nosotros.

En el *Evangelio de Marcos* hay un extraño episodio lleno de misterio. El contexto de ese relato parecería indicar que la Madre no entendía con suficiente claridad la personalidad y destino de Jesús, al menos en esos primeros tiempos de evangelización. ¿Qué aconteció?

Por los tres primeros capítulos de Marcos podríamos deducir que la actuación inicial de Jesús sobre las ciudades de la Galilea fue deslumbrante. Esto produjo una viva discusión y una consiguiente división respecto de Jesús entre los judíos y también entre sus parientes (Jn 10,19).

No cabe duda de que Jesús resultaba una personalidad extraña, inclusive para sus propios parientes, hasta llegar a decir que había perdido la cabeza (Mc 3,21) en vista de la potencia de sus prodigios y palabras. El hecho es que un buen día sus parientes decidieron hacerse cargo de él para llevarlo a casa. Por el contexto general del capítulo 3 de Marcos, se podría deducir que quien presidía aquel grupo de parientes que quería recogerlo era la misma María (Mc 3,20-22; 3,31-35).

Por la naturaleza psicológica de esa actitud, podríamos concluir que por este tiempo María no tenía un conocimiento exacto sobre la naturaleza de Jesús. ¿De qué se trataba realmente? ¿Acaso María participaba en algún grado de aquel desconcierto de los parientes debido a la manifestación poderosa de Jesús? ¿También María era de las personas que lo querían recoger y llevar a casa o, simplemente, quería cuidarlo porque Jesús «no tenía tiempo ni para comer»? (Mc 3,20).

Una vez más llegamos a la misma conclusión. María recorrió nuestros caminos de fe. También ella fue buscando, entre sombras, el verdadero rostro de Jesús.

En las bodas de Caná observamos que María ya ha dado pasos definitivos en el conocimiento del misterio profundo de Jesús. En su primera reacción María se movió en una órbita meramente humana. Ella se presenta como una madre que tiene ascendiente sobre el hijo, se siente en comunión con él y procede como quien se siente seguro de conseguir un gran favor.

> «María cree que vive en comunión con su Hijo, pero se encuentra solitaria.
> Luego, al verse fuera de aquella comunión, entra en una nueva relación con El, en la comunión de la fe: "Haced lo que El os diga." No importa lo que ella diga sino lo que El diga, aunque María no conoce todavía la decisión de Jesús» (2).

Para este momento ya todo estaba claro para María. No importa que su gloria materna haya quedado golpeada. En este momento, María ya sabe que para Jesús todo es posible; concepto que la Biblia lo reserva sólo para Dios.

---

(2) Karl Hermann Schelkle, *María Madre del Redentor*, Herder, Barcelona 1965, 74.

Significativamente Juan agrega que, después de este episodio, María bajó con El a Cafarnaúm (Jn 2,12). ¿Qué significa esto? ¿Que María deja de ser madre para comenzar a ser discípula? ¿Significa que a la madre, al ver aquel prodigio, se le ahuyentaron todas las sombras, que superó aquel alternar entre claridades y oscuridades, y que entró definitivamente en la claridad total?

Entre la luz y la oscuridad

¿Qué existe entre la luz y la oscuridad? La penumbra, que no es sino una mezcla de luces y sombras. Computando los textos evangélicos, eso fue la vida de María: una navegación en un mar de luces y sombras.

En el día de la anunciación, si nos atenemos a las palabras que se pronunciaron entonces, María tenía conocimiento completo y cabal de Aquel que florecería en su silencioso seno, Jesús: «Será grande; será llamado Hijo del Altísimo; su reino no tendrá fin» (Lc 1,32).

Seguramente la espléndida visitación de Dios en este día arrastró una infusión extraordinaria de luces y ciencia. Sobre todo es seguro que la inundación personal y fecundante del Espíritu Santo fue acompañada de la plenitud de sus dones, particularmente del espíritu de sabiduría e inteligencia. A la luz penetrante de esa presencia única del Espíritu Santo en este día, María veía todo muy claro.

En contraste con esto, por los textos que acabamos de analizar arriba, vemos que María más tarde no entendía algunas cosas y se extrañaba de otras. Ahora bien, si en el día de la anunciación María comprendió completamente la realidad de Jesús, y luego, al parecer, no entendía esa misma realidad, ¿qué sucedió en medio? ¿Acaso existe alguna contradicción? ¿Hubo información deficiente para el evangelista redactor?

Para mí, ese fondo oscuro y contradictorio está lleno de grandeza humana. Y desde esa oscuridad, María emerge más brillante que nunca. La Madre no fue ningún demiurgo, es decir, un fenómeno extraño entre diosa y mujer. Fue una criatura como nosotros; una criatura excepcional, eso sí —pero no, por excepcional, dejaba de ser criatura—, y que recorrió todos nuestros caminos humanos, con sus emergencias y encrucijadas.

Es preciso meter a María en nuestro proceso humano. Lo que nos acontece a nosotros pudo haber acontecido a ella, salvando siempre su alta fidelidad al Señor Dios.

¿Qué sucede entre nosotros? Pensemos, por ejemplo, en los consagrados a Dios por el sacerdocio o la vida religiosa. Un día, allá lejos, en la flor de su juventud, experimentaron vivamente la seducción irresistible de Jesucristo. En aquellos días, la evidencia era como un mediodía azul: era Dios quien llamaba, y llamaba para la misión más sublime. Eso era tan claro que se embarcaron con Jesucristo en la aventura más fascinante.

Pasaron muchos años. Y cuántos de aquellos consagrados viven confusos hoy día, piensan que Dios nunca los llamó, que la vida consagrada ya no tiene sentido. ¿Cómo lo que un día era espada fulgurante puede parecernos hoy hierro oxidado? Es preciso pisar tierra firme: somos así.

Se casaron. El decía que no había en el firmamento estrella tan espléndida como ella. Ella decía que, ni con la linterna de Diógenes, se encontraría en el mundo ejemplar humano como él. Todos decían que el uno había nacido para el otro. Por unos años fueron felices. Después la rutina penetró en sus vidas como sombra maldita. Hoy arrastran una existencia lánguida. Los dos piensan que debieran haberse casado con otro consorte. ¿Cómo puede ser que lo que un día era luz hoy sea sombra? Es preciso partir de ahí: así somos. No somos geometría. El ser humano no está constituido de líneas rectas.

Somos así: unas pocas seguridades y una montaña de inseguridades. Por la mañana vemos claro, al mediodía dudamos y por la tarde todo está oscuro. Un año nos adherimos a una causa, y otro año, decepcionados, desertamos de la misma.

Por esta línea humana, ondulante y oscilante, podríamos explicarnos el hecho de que María veía claro en una época determinada y, al parecer, no veía tan claro en otra época.

¿Sería deshonroso para la Madre pensar que también ella «sintió» el peso del silencio de Dios? ¿Sería indecoroso el pensar que fue dominada primeramente por la decepción, después por la confusión, y finalmente por la duda, en un período determinado de su vida?

En el día de la anunciación, por el tono solemne de aquellas palabras, parece que se prometía un caminar al resplandor inextinguible de prodigios. Y resulta que, luego, estaba solitaria y abandonada a la hora de dar a luz. Y tuvo que huir como vulgar fugitiva política y vivir bajo cielos extraños. Y durante treinta interminables años no hubo ninguna novedad, sólo reinó la monotonía y el silencio.

¿A qué atenerse? ¿A lo que parecía prometerse en el día de la anunciación, o a la realidad actual, dura y fría? La perplejidad ¿no habría perturbado nunca la serenidad de su alma? Lo que nos acontece a nosotros, ¿por qué no habría de acontecerle a ella?

Guardaba y meditaba estas cosas (Lc 2,19)

¿Qué hacía en tales apuros? Ella misma nos lo dice: se agarraba a las antiguas palabras para poder ahora mantenerse en pie.

Aquellas palabras eran lámparas. Esas lámparas las mantenía la Madre perpetuamente encendidas: las guardaba diligentemente y las meditaba en su corazón (Lc 2,19; 2,50). No eran hojas muertas sino recuerdos vivos. Cuando los nuevos sucesos resultaban enigmáticos y desconcertantes, las lámparas encendidas de los antiguos recuerdos ponían luz en la oscuridad perpleja de la actualidad.

Así, la Señora fue avanzando entre luces antiguas y sombras presentes hasta la claridad total. Los diferentes textos evangélicos, y su contexto general, están claramente indicando que la «comprensión» del misterio trascendente de Jesús fue realizándola mediante una inquebrantable adhesión a la voluntad de Dios que se iba manifestando en los nuevos acontecimientos.

Eso mismo ocurre entre nosotros. Muchas almas tuvieron en otras épocas visitaciones gratuitas de Dios, experimentaron vivamente su presencia, recibieron gracias infusas y gratuidades extraordinarias, y aquellos momentos quedaron marcados como heridas rojas en sus almas. Fueron momentos embriagadores.

Pasan los años. Dios calla. Esas almas son asaltadas por la dispersión y la tentación. La monotonía las invade. Se prolonga obstinadamente el silencio de Dios. Tienen que agarrarse, casi desesperadamente, al recuerdo de aquellas experiencias vivas para no sucumbir ahora.

La grandeza de María no está en imaginarse que ella nunca fue asaltada por la confusión. Está en que cuando no entiende algo, ella no reacciona angustiada, impaciente, irritada, ansiosa o asustada.

Por ejemplo, María no se enfrenta con el muchacho de 12 años: «Hijo mío, no entiendo nada, ¿qué acontece? Por favor, explícame, rápido, el significado de esa actitud.» María no dice a Simeón: «Venerable anciano, ¿qué significa eso de la espada? ¿Por qué este niño tiene que ser bandera de contradicción?»

En lugar de eso, toma la actitud típica de los *Pobres de Dios:* llena de paz, paciencia y dulzura, toma las palabras, se encierra sobre sí misma, y queda interiorizada, pensando: ¿Qué querrán decir estas palabras? ¿Cuál será la voluntad de Dios en todo esto? La Madre es como esas flores que cuando desaparece la claridad del sol se cierran sobre sí mismas; así ella se repliega en su interior y, llena de paz, va identificándose con la voluntad desconcertante de Dios, aceptando el misterio de la vida.

De repente también nosotros nos parecemos a las criaturas de Prometeo. Emergencias dolorosas nos envuelven y se nos enroscan como serpientes implacables.

Todo parece fatalidad ciega. Sucesivas desgracias caen sobre nosotros con tanta sorpresa como brutalidad. La traición nos acecha detrás de las sombras, y ¿quién iba a pensar?, en la propia casa. A veces se experimenta la fatiga de la vida y hasta ganas de morir.

¿Qué se consigue con resistir los imposibles? En esos momentos nos corresponde actuar como María: cerrar la boca y quedar en paz. Nosotros no sabemos nada. El Padre sabe todo. Si podemos hacer algo para mudar la cadena de los sucesos, hagámoslo. Pero, ¿para qué luchar contra las realidades que nosotros no podemos cambiar?

La Madre puede presentarse diciéndonos: «Hijos míos: Yo soy el camino. Venid detrás de mí. Haced lo que yo hice. Recorred la misma ruta de fe que yo recorrí y perteneceréis al pueblo de las bienaventuranzas: ¡Felices los que, en medio de la oscuridad de una noche, creyeron en el resplandor de la luz!»

3. Hacia el interior de María

Entregarse

Creer es confiar. Creer es permitir. Creer, sobre todo, es adherirse, entregarse. En una palabra, creer es amar. ¿Qué vale un silogismo intelectual si no alcanza ni compromete la vida? Es como una partitura sin melodía.

Creer es «caminar en la presencia de Dios» (Gén 17,1). La fe es, al mismo tiempo, un acto y una actitud que agarra, envuelve y penetra todo cuanto es la persona humana: su confianza, su fidelidad, su asentimiento intelectual y su adhesión emocional. Compromete la historia entera de una persona: con sus criterios, actitudes, conducta general e inspiración vital.

Todo eso se realizó cumplidamente en Abraham, padre y modelo de fe. Abraham recibe una orden: «Sal de tu tierra» (Gén 12,1-4) y una promesa: «Te haré padre de un gran pueblo» (Gén 12,1-4). Abraham creyó. ¿Qué le significó este creer? Le significó extender un cheque en blanco al Señor, abrirle un crédito infinito e incondicional, confiar contra el sentido común, esperar contra toda esperanza, entregarse ciegamente y sin cálculos, romper con una instalación establecida y, a sus setenta y cinco años, «ponerse en camino» (Gén 12,4) en dirección de un mundo incierto «sin saber adónde iba» (Heb 11,8). Eso es creer: entregarse incondicionalmente.

La fe bíblica es eso: adhesión a Dios mismo. La fe no indica referencia principalmente a dogmas y verdades sobre Dios. Es un entregarse a su voluntad. No es, pues, principalmente, un proceso intelectual, un saltar de premisas a conclusiones, un hacer combinaciones lógicas, barajando unos cuantos conceptos o presupuestos mentales. Principalmente es una actitud vital.

Concretamente se trata, repetimos, de una adhesión existencial a la persona de Dios y su voluntad. Cuando existe esta adhesión integral al misterio de Dios, las verdades y dogmas referentes a Dios se aceptan con toda naturalidad y no se producen conflictos intelectuales.

Hombres de fe

En el capítulo once de la *Carta a los hebreos* se hace un análisis descriptivo —en cierto sentido un psico-análisis— de la naturaleza vital de la fe. Es uno de los capítulos más impresionantes del Nuevo Testamento: parece una galería de figuras inmortales que desfila delante de nuestros ojos asombrados. Son figuras egregias esculpidas por la fe adulta, hombres indestructibles que poseen una envergadura interior que asombra y espanta, capaces de enfrentarse con situaciones sobrehumanas con tal de no apartarse de su Dios.

Este capítulo nos recuerda en cada versículo, con un «ritornello obstinato», que tanta grandeza se debe exclusivamente a la adhesión incondicional de estos hombres al Dios vivo y verdadero: *en la fe, por la fe, aconteció por su fe,* se vuelve a repetir en cada momento.

Aparecen los patriarcas, durmiendo en tiendas de campaña, sobre la arena. Por la fe, viven errantes por un desierto ardiente y hostil. Tienen que habitar siempre en tierras extrañas, donde sus moradores los miran con recelo (Heb 11,8-13).

Por la fe, otros se enfrentaron a las fieras, estrangularon leones, silenciaron la violencia devoradora de las llamas y, no sé cómo, consiguieron esfumarse cuando la espada enemiga estaba ya sobre sus gargantas. Por la fe recobraron vigor en su debilidad, y un puñado de hombres, armados de fe adulta, pusieron en humillante fuga a ejércitos poderosos en orden de batalla (Heb 11,33-35).

Por la fe, por no claudicar de su Dios, recibieron en paz y sin resistir la muerte violenta. Por la fe unos aceptaron en silencio las injurias, otros soportaron sin quejarse cuarenta azotes menos uno. Por la fe, prefirieron las cadenas de una prisión a la libertad de la calle. Por no separarse de su Dios, recibieron una lluvia de piedras sin protestar.

Por la fe, acabaron sus vidas, unos partidos por medio con una sierra y otros pasados a espada. Por no claudicar de su Dios vivieron errantes y fugitivos, subiendo montañas, recorriendo desiertos, se vistieron con pieles de ovejas y cabras —simulando figuras alucinantes— para desorientar a los perseguidores, se escondieron en grutas y cavernas, perseguidos, hambrientos, oprimidos y torturados (Heb 11,35-39).

Y todo este inolvidable espectáculo se debió a su fe. Pero no a la fe como un planteamiento intelectual o un silogismo. Hicieron todo esto, con tal de no separarse de su Dios vivo y verdadero. Su fe era adhesión, llena de amor a su Dios. Ni la muerte ni la vida —dirá san Pablo—, ni las autoridades ni las fuerzas de represión, ni enemigos visibles o invisibles, ni las alturas ni las profundidades, nada ni nadie en este universo será capaz de apartarme del amor de Jesucristo, mi Señor (Rom 8,38-40).

Declaración

A mi entender, las palabras más preciosas de la Escritura son éstas: «He aquí la esclava del Señor; hágase en mí según su palabra» (Lc 1,38). Esta declaración es, por otra parte, la clave para radiografiar el alma de María y captar sus vibraciones más íntimas.

De María sabemos poco, pero sabemos lo suficiente. Bastaría aplicar a la Madre el espíritu y alcance de esta declaración en todos los instantes de su vida y acertaríamos cuáles eran exactamente sus reacciones de cada momento.

La encantadora

Nazaret era una aldea insignificante en el país del norte de la Palestina septentrional, con una fuente en el centro de la población, rodeada de un campo relativamente fértil, resaltando el valle del Esdrelón.

Aquí vivía María. Según los cálculos de Paul Gechter, si partimos de las costumbres de la Palestina de aquellos tiempos, María tendría en esta época como unos trece años. (Paul Gechter, o. c., 139-143). No se pueden comparar nuestras muchachas de trece años con las muchachas de la misma edad de entonces. La parábola del proceso vital varía notablemente según el clima, época, costumbres, índices de crecimiento y longevidad. Bástenos saber, por ejemplo, que en aquellos tiempos la ley consideraba núbiles a las muchachas a los doce años y, generalmente, a esta edad eran prometidas en matrimonio. En todo caso María era una jovencita.

A pesar de ser tan joven, las palabras sublimes y solemnes que le dice el ángel de parte de Dios, indican que María poseía para esta edad una plenitud interior y una estabilidad emocional muy superiores y desproporcionadas para su edad.

En efecto, es significativo que en su saludo el ángel omita el nombre propio de María. La perífrasis gramatical «llena de gracia» es usada como nombre propio. Gramaticalmente es un participio perfecto en su forma pasiva, que podríamos traducir algo así como: «¡Buenos días, *repleta de gracias!*» Hablando en lenguaje moderno, podríamos usar para este caso la palabra *encantadora.* Significa que Dios encontró en María un encanto o simpatía muy especiales.

Estamos, pues, ante una muchacha que ha sido objeto de la predilección divina. Desde los primeros momentos de su existencia, antes de nacer, fue preservada del pecado hereditario en que le correspondía incurrir y simultáneamente fue como un jardín esmeradamente cultivado por el Señor Dios e irrigado con dones, gracias, carismas, ciencia, todo fuera de serie.

Por eso se le comunica que el «Señor está con ella», expresión bíblica que indica una asistencia extraordinaria de parte de Dios. Ello, sin embargo, no quiere indicar que ese trato excepcional la transformó en una princesa celeste, fuera de nuestra órbita humana. Nunca debemos perder de vista que la Madre fue una criatura como nosotros, aunque tratada de manera especial por su destino también especial.

Aquí, lo difícil y lo necesario, tanto para el que escribe como para el que lee, es colocarse en estado contemplativo: es preciso detener el aliento, producir un suspenso interior y asomarse, con infinita reverencia, al interior de María.

La escena de la anunciación está palpitando de una concentrada intimidad. Para saber cómo fue aquello y qué aconteció allí, es necesario sumergirse en esa atmósfera interior, captar, más por intuición contemplativa que por intelección, el contexto vital y la palpitación invisible y secreta de María. ¿Qué sentía? ¿Cómo se sentía, en ese momento, la Señora?

¿Cómo fue aquello? ¿Sucedió en su casa? ¿Quizá en el campo? ¿En el cerro? ¿En la fuente? ¿Estaba sola María? ¿Fue en forma de visión? ¿El ángel estaba en forma humana? ¿Fue una alocución interior, inequívoca? El evangelista dice: «Entrando el ángel donde estaba ella» (Lc 1,28). Ese «entrando», ¿se ha de entender en su sentido literal y espacial? Por ejemplo, ¿como el caso de alguien que llama a la puerta, con unos golpes, y entra después en la habitación?

¿Se podría entender en un sentido menos literal y más espiritual? Por ejemplo, vamos a suponer: María estaba en alta intimidad, abismada en la presencia envolvente del Padre, habían desaparecido las palabras, y la comunicación entre la Sierva y el Señor se efectuaba en un profundo silencio. De repente, este silencio fue interrumpido. Y, en esa intimidad a dos —intimidad que humanamente es siempre un recinto cerrado— «entró» alguien. ¿Se podría explicar así?

Lo que sabemos, con absoluta certeza, es que la vida

normal de esta muchacha de campo fue interrumpida, de forma sorprendente, por una visitación extraordinaria de su Señor Dios.

La interpretación que hizo María de aquel doble prodigio que se le anunciaba, según el desahogo que ella tuvo con Isabel, fue la siguiente: ella, María, se consideraba como la más «poca cosa» entre las mujeres de la tierra (Lc 1,48). Si algo grande tenía ella no era mérito suyo, sino gratuidad y predilección de parte del Señor. Ahora bien, la sabiduría de Dios escogió precisamente, entre las mujeres de la tierra, la criatura más insignificante, para evidenciar y patentizar que sólo Dios es el Magnífico. La escogió a ella, carente de dones personales y carismas, para que quedase evidente a los ojos de todo el mundo que las «maravillas» (Lc 49) de salvación no son resultado de cualidades personales sino gracia de Dios.

Esa fue su interpretación. Estamos, pues, ante una joven inteligente y humilde, inspirada por el espíritu de Sabiduría.

Dos proposiciones

Primeramente se le anuncia que será Madre del Mesías. Ese había sido el sueño dorado de toda mujer en Israel, particularmente desde los días de Samuel. Entre los saludos del ángel y esta fantástica proposición, la joven quedó «turbada», es decir, confusa, como la persona que no se siente digna de todo eso; en una palabra, quedó dominada por una sensación entre emocionada y extrañada.

Pero la extrañeza de María debió ser mucho mayor todavía con la segunda notificación: que dicha maternidad mesiánica se consumaría sin participación humana, de una manera prodigiosa. Se trascendería todo el proceso biológico y brotaría una creación original y directa de las manos del Omnipotente, para quien todo es posible (Lc 1,37).

Frente a la aparición y a estas inauditas proposiciones uno queda pensando cómo esta jovencita no quedó trastornada, cómo no fue asaltada por el espanto y no salió corriendo.

La joven quedó en silencio, pensando. Hizo una pregunta. Recibió la respuesta. Siguió llena de dulzura y serenidad. Ahora bien, si una joven envuelta en tales circunstancias sensacionales es capaz de mantenerse emocionalmente íntegra, significa que estamos ante una criatura de equilibrio excepcional dentro de un normal parámetro psicológico. ¿De dónde le vino tanta estabilidad? El hecho de ser Inmaculada debió influir decisivamente, porque los desequilibrios son generalmente resultado perturbador del pecado, es decir, del egoísmo. Y, sobre todo, se debe a la profunda inmersión de María en el misterio de Dios, como veremos en otro momento.

A mí me parece que nunca nadie experimentó, como María en este momento, la sensación de soledad bajo el enorme peso de la carga impuesta por Dios sobre ella y ante su responsabilidad histórica. Para saber exactamente qué experimentó la Señora en ese momento, vamos a explicar en qué consiste la sensación de soledad.

Sentirse solo

Todos nosotros llevamos en nuestra constitución personal una franja de soledad en la que y por la que unos somos diferentes de los otros. Hasta esa soledad no llega ni puede llegar nadie.

En los momentos decisivos estamos solos.

Solamente Dios puede descender hasta esas profundidades, las más remotas y lejanas de nosotros mismos. La individualización o tener conciencia de nuestra identidad personal, consiste en *ser* y *sentirnos* diferentes los unos a los otros. Es la experiencia y la sensación de «estar ahí» como conciencia consciente y autónoma.

Vamos a imaginarnos una escena: Yo estoy agonizando en el lecho de muerte. Vamos a suponer que, en este momento de agonía, me rodean las personas que más me quieren en este mundo, que con su presencia, palabras y cariño tratan de *acompañarme* a la hora de hacer la travesía de la vida a la muerte. Tratan de «estar conmigo» en este momento.

Pues bien, por muchas palabras, consuelos y cariño que me prodiguen esos seres queridos, en ese momento yo «me siento» solo, solo. En esa agonía nadie está conmigo ni puede estar. Las palabras de los familiares llegarán hasta el tímpano, pero allá donde yo soy diferente a todos, allá lejos, yo estoy completamente solitario, nadie está «conmigo». El cariño llegará hasta la piel, pero en las regiones más remotas y definitivas de mí mismo nadie está conmigo. Nadie puede *acompañarme a morir,* es una experiencia insustituiblemente personal y solitaria.

Esa soledad existencial que se trasluce claramente en el ejemplo de la agonía, aparece también con la misma claridad a lo largo de la vida. Si sufres un enor me disgusto o fracaso, vendrán seguramente tus amigos y hermanos, te confortarán y te estimularán. Cuando se ausenten esos amigos, te quedarás cargando, solo y completamente, el peso de tu propio disgusto. Nadie —excepto Dios— puede compartir ese peso. Los seres humanos pueden «estar con nosotros» hasta un cierto nivel de profundidad. Pero, en las profundidades más definitivas, estamos absolutamente solos.

Repito: en los momentos decisivos, estamos solos. Esa misma soledad existencial la experimentamos vivamente a la hora de tomar decisiones, a la hora de asumir una alta responsabilidad, en un momento importante de la vida. Sentir que se está solo, aunque se tenga un montón de asesores al lado, lo experimentan un padre de familia, un obispo, un médico, un superior provincial, un presidente de república...

Me parece que la persona más solitaria del mundo es el Santo Padre. El podrá pedir asesoramiento, convocar reuniones, consultar a peritos..., mas a la hora de tomar una decisión importante, ante Dios y la historia, está solo. Un matrimonio, a la hora de asumir la responsabilidad de traer una persona a este mundo, está solo.

Cualquiera de nosotros, que tiene diferentes grados de obligatoriedad ante grupos de personas encomendadas a nuestra conducción, experimenta vivamente que el peso de la responsabilidad es siempre el peso de la soledad: en una parroquia, en la gerencia de una fábrica, al frente de un movimiento sindical...

Optar

A partir de esta explicación podemos entender la «situación vital» de María en el momento de la anunciación. María, joven inteligente y reflexiva, midió exactamente su enorme responsabilidad. Delante de ella se levantaba, alta como una muralla, la responsabilidad histórica. Y delante de la muralla estaba ella solitaria e indefensa. Se le había hecho una pregunta y ella tenía que responder.

Según cómo sea su respuesta, se desequilibrará la normalidad de su vida; ella lo sabe. Si la joven responde que no, su vida transcurrirá tranquilamente, sus hijos crecerán, vendrán los nietos y su vida acabará normalmente en el perímetro de las montañas de Nazaret.

Si la respuesta es eventualmente afirmativa, arrastrará consigo serias implicaciones, se desencadenará un verdadero caos sobre la normalidad de una existencia ordenada y tranquila. Tener un hijo antes de casarse implica para ella el libelo de divorcio de parte de José, ser apedreada por adúltera, quedar socialmente marginada y quedar estigmatizada con la palabra más ofensiva para una mujer en aquellos tiempos: *harufá* = la violada.

Además, más allá de las consideraciones humanas y sociales, ser madre del Mesías implicaba —ella lo sabía— entrar en el círculo de una tempestad.

El salto

La muchacha midió la altura y la profundidad del momento histórico. ¿Cuál será su respuesta?

Yo quedo impresionado al pensar ¡cómo la joven no

se quebró emocionalmente bajo aquel peso infinito! ¿Cómo no la traicionaron los nervios? ¿Cómo no lloró, no desmayó, no gritó? ¿Cómo no se escapó espantada?

> «¿Cómo pudo ella soportarlo con entereza, sin caer abatida, y sin luego levantarse, arrogante, por haber sido elegida entre todos los demás seres humanos?
>
> La carga que se le había impuesto debía ser llevada con absoluta soledad, incertidumbre e inseguridad, por tratarse de algo que ocurre por primera y única vez. Y ello, frente al gran contraste entre la pobreza de la realidad y el esplendor de la promesa» (3).

Uno queda abismado y estupefacto por la infinita humildad, por la enorme madurez y naturalidad con las que María asume el Misterio en medio de una inmensa soledad. La historia toda no será suficiente para agradecer y admirar tanta grandeza.

Fue una escena inenarrable. María, consciente de la gravedad del momento y consciente de su decisión, llena de paz, en pie, solitaria, sin consultar a nadie, sin tener ningún punto de apoyo humano, sale de sí misma, da el gran salto, confía, permite y... *se entrega.*

Una nube de dudas y preguntas se habría cernido sobre la joven: ¡sin participación humana! Jamás aconteció cosa semejante. Todas las normalidades se fueron al suelo. ¿Será posible? Nadie puede enterarse de esto; yo sola con el secreto en el corazón. Y si la noticia se divulgara nadie la podría acreditar ni aceptar, van a decir que estoy loca; cuando José se entere, ¿qué dirá? ¡Dios mío! ¿Qué hago? ¿Qué respondo?

---

(3) K. H. SCHELKLE, *o. c.,* 73.

Y la pobre muchacha, solitariamente como adulta en la fe, salta por encima de todas las perplejidades y preguntas y, llena de paz, humildad y dulzura, *confía y se entrega.* « ¡Hágase! » Está bien, Padre mío.

> «María se expone al riesgo, y da el sí de su vida sin otro motivo que su fe y su amor.
> Si la fe se caracteriza, precisamente, por la decisión arriesgada y la soledad bajo la carga impuesta por Dios, la fe de María fue única. Ella es el prototipo del creyente» (4).

María es pobre y peregrina. Con su «hágase» entra en la gran aventura de la fe adulta. Con este paso, la Madre quemó las naves, no podrá volver atrás. María es de la estirpe de Abraham, es mucho más que Abraham en el monte Moriah. María es la hija fuerte de la raza de los peregrinos, que se sienten libres saltando por encima del sentido común, normalidades y razones humanas; lanzándose en el Misterio insondable y fascinante del Tres Veces Santo, repitiendo infatigablemente: amén, *hágase.* ¡Oh Mujer Pascual! Nació el Pueblo de las Bienaventuranzas con su Reina al frente.

La sierva

«Soy una sierva del Señor; hágase en mí según su palabra» (Lc 1,38). Posiblemente, repetimos, son las palabras más bellas de la Escritura. Ciertamente constituye una temeridad el pretender captar y sacar a luz tanta carga de profundidad contenida en esa declaración. Sólo trataré de abrir un poco las puertas de ese mundo in-

---

(4) K. H. Schelkle, *o. c.*, 73.

agotable, colocando en los labios de María otras expresiones asequibles para nosotros.

Soy una sierva. La sierva no tiene derechos. Los derechos de la sierva están en las manos de su Señor. A la sierva no le corresponde tomar iniciativas sino tan sólo aceptar las decisiones del Señor.

Soy una *Pobre de Dios*. Soy la criatura más pobre de la tierra, por consiguiente soy la criatura más libre del mundo. No tengo voluntad propia, la voluntad de mi Señor es mi voluntad y vuestra voluntad es mi voluntad; soy la servidora de todos, ¿en qué puedo serviros? Soy la Señora del mundo porque soy la Servidora del mundo.

¿Quién fue María? Fue la mujer que dio un Sí a su Señor y luego fue fiel a esa decisión hasta las últimas consecuencias y hasta el fin de sus días. Fue la mujer que extendió un cheque en blanco, la que abrió un crédito infinito e incondicional a su Señor Dios y jamás se volvió atrás ni retiró la palabra. ¡Oh Mujer Fiel! (5).

Hágase en mí

Con esta declaración se ofrece la Madre como un territorio libre y disponible. Y, de esta manera, la Señora manifiesta una tremenda confianza, un abandono audaz y temerario en las manos del Padre, pase lo que pase, aceptando todos los riesgos, sometiéndose a todas las eventualidades y emergencias que el futuro pueda traer.

Dice Evely que, igual que en un sistema parlamenta-

---

(5) Puede consultarse mi libro *Muéstrame tu rostro*, 438-446.

rio, Dios, como poder ejecutivo, presentó una proposición y María apoyó esa propuesta divina. No me convence esa interpretación. Me parece que el *hágase* de María encierra una amplitud y universalidad mucho más vastas que la aceptación de la maternidad divina.

María se mueve dentro del espíritu de los *Pobres de Dios,* y en ese contexto, según me parece, la Señora con su *hágase* no hace referencia directa, aunque sí implícita, a la maternidad. Después de todo, la maternidad divina constituía gloria inmortal y aceptarla era tarea agradable y fácil. En el *hágase* hay encerrada mucha más profundidad y amplitud: palpita algo así como una consagración universal, un entregarse sin reservas y limitaciones, un aceptar con los brazos en alto cualquier emergencia querida o permitida por el Padre.

Con su *hágase,* la Señora decía de hecho *amén* a la noche de Belén sin casa, sin cuna, sin matrona — aunque ella no tuviera conciencia explícita de esos detalles—, *amén* a la fuga de un Egipto desconocido y hostil, *amén* al silencio de Dios durante los treinta años, *amén* a la hostilidad de los sanedritas, *amén* cuando las fuerzas políticas, religiosas y militares arrastraran a Jesús al torrente de la crucifixión y de la muerte, *amén* a todo cuanto el Padre disponga o permita y que ella no pueda mudar.

En una palabra, la Madre con su *hágase* entra de lleno en la caudalosa y profunda corriente de los *Pobres de Dios,* los que nunca preguntan, cuestionan o protestan sino que se abandonan en silencio y depositan su confianza en las manos todopoderosas y todocariñosas de su querido Señor y Padre.

Por vía de contrastes

En el *Evangelio de Lucas* la fe adulta de María es como una melodía que se desliza suavemente en medio de una noble sinfonía. Y esa fe queda brillantemente resaltada por una orquestación de fondo en la que se contraponen las actitudes de María y de Zacarías.

Isabel —a cuya casa habían descendido simultáneamente la bendición de un hijo y el castigo de Zacarías, por no haber creído— dice a María: ¡feliz tú porque creíste, querida hija de Sión! Creíste que para Dios todo es posible; todas las maravillas que se te han comunicado se cumplirán cabalmente en premio a tu fe. En cambio, aquí está Zacarías sin poder hablar, porque debido a su incredulidad quedó mudo.

A Zacarías se le anuncia que ellos, un matrimonio de «edad avanzada», van a tener un hijo «revestido del espíritu y poder de Elías» (Lc 1,17).

A María se le anuncia que «sin conocer varón» germinará en su seno solitario, a la sombra del Espíritu Santo, un Hijo que será Grande y su reino durará por los días sin fin (Lc 1,33).

Zacarías no cree. Es imposible, dice. Yo soy un viejo; mi esposa es también de edad avanzada. No estamos en tiempo de florecer. En todo caso, dame una señal de que todo sucederá (Lc 1,18).

En cambio, María no pregunta ni duda ni exige garantías. Con la típica actitud de los *Pobres de Dios,* la Madre contra toda esperanza y contra toda evidencia se entrega en medio de una completa oscuridad (Lc 1,38).

Zacarías, por no creer en la palabra de Dios, queda mudo hasta el nacimiento de Juan.

En cambio María, por haber creído, se transforma

en Madre de Dios, bendita entre todas las mujeres y proclamada bienaventurada por las generaciones sin fin.

Aquella mañana, en «aquella región montañosa de Judá», hubo una fiesta de espíritu, y en el momento culminante de la fiesta debieron repetirse solemnemente a coro, entre María, Isabel y Zacarías, las palabras centrales del misterio de la fe: «porque para Dios nada es imposible» (Lc 1,37).

4. María, ante el silencio de Dios

En este vivir día tras días en busca del Señor, lo que más desconcierta a los caminantes de la fe es el silencio de Dios. «Dios es aquel que siempre calla desde el principio del mundo; este es el fondo de la tragedia», decía Unamuno.

Desconcierto

San Juan de la Cruz expresa admirablemente el silencio de Dios con aquellos versos inmortales:

> «¿Adónde te escondiste,
> Amado, y me dejaste con gemido?
> Como el ciervo huiste,
> habiéndome herido,
> salí tras ti, clamando, y eras ido.»

La vivencia de la fe, la vida con Dios es eso: un éxodo, un siempre salir «tras ti, clamando». Y aquí comienza la eterna odisea de los buscadores de Dios: la historia pesada y monótona capaz de acabar con cualquier resistencia: en cada instante, en cada intento de oración, cuando parecía que esa «figura» de Dios estaba al alcance de la mano, ya «eras ido», el Señor se envuelve en el manto del silencio y queda escondido. Parece un Rostro perpetuamente fugitivo e inaccesible, como que aparece y desaparece, como que se aproxima o se aleja, como que se concreta o se desvanece.

El cristiano fue seducido por la tentación y se dejó llevar por la debilidad. Dios calla: no dice ni una palabra de reprobación. Vamos a suponer el caso contrario: con un esfuerzo generoso supera la tentación. Dios calla también: ni una palabra de aprobación.

Pasaste la noche entera de vigilia ante el Santísimo Sacramento. Además de que solamente hablaste durante la noche y el Interlocutor calló, cuando al amanecer salgas de la capilla cansado y soñoliento, no escucharás una palabra amable de gratitud o de cortesía. La noche entera el Otro calló, y a la despedida también calla.

Si sales al jardín verás que las flores hablan, los pájaros hablan, hablan las estrellas. Solamente Dios calla. Dicen que las criaturas hablan de Dios, pero Dios mismo calla. Todo en el universo es una inmensa y profunda evocación del Misterio, pero el Misterio se desvanece en el silencio.

De repente la estrella desaparece de la vista de los reyes magos y ellos quedan sumidos en una completa desorientación. Jesús en la cruz experimenta una viva impresión interior de que está solo, de que el Padre está ausente, de que también el Padre lo abandonó.

De pronto el universo en torno a nosotros se puebla de enigmas y preguntas. ¿Cuántos años tenía esa mamá? Treinta y dos años, y murió devorada por un carcinoma, dejando seis niños pequeños. ¿Cómo es posible?

Era una criatura preciosa de tres años, una meningitis aguda la dejó inválida para toda su vida. Toda la familia pereció en el accidente, en la tarde dominical, de regreso de la playa. ¿Cómo es posible? Una maniobra calumniosa de un típico frustrado lo dejó en la calle, sin prestigio y sin empleo. ¿Dónde estaba Dios? Tenía nueve hijos, fue despedido por un patrón arbitrario y brutal, todos quedaron sin casa y sin pan. ¿Existe la justicia? Y esas mansiones orientales, tan cerca de ese bosque negro y feo de casuchas miserables... ¿Qué hace Dios? ¿No es Padre? ¿No es todopoderoso? ¿Por qué calla?

Es un silencio obstinado e insoportable que lentamente va minando las resistencias más sólidas. Llega la confusión. Comienzan a surgir voces, no sabes de dónde, si desde el inconsciente, si desde debajo de tierra, o si desde ninguna parte, que te preguntan: «¿Dónde está tu Dios?» (Sal 41). No se trata del sarcasmo de un volteriano ni del argumento formal de un ateo intelectual.

El creyente es invadido por el silencio envolvente y desconcertante de Dios y, poco a poco, es dominado por una vaga impresión de inseguridad, en el sentido de si todo esto será verdad, si no será producto mental, o si, al contrario, será la realidad más sólida del universo. Y te quedas navegando sobre aguas movedizas, desconcertado por el silencio de Dios. Aquí se cumple lo que dice el salmo 29: «Escondiste tu Rostro y quedé desconcertado.»

El profeta Jeremías experimentó, con una viveza terrible, ese silencio de Dios. El profeta dice al Señor: Yavé Dios, después de haber soportado por Ti a lo largo de mi vida toda clase de atentados, burlas y asaltos, al final ¿no serás Tú quizá más que un espejismo, un simple vapor de agua? (Jer 15,15-18).

Sólo un profundo espíritu de abandono y una fe adulta nos librará del desconcierto y nos evitará ser quebrantados por el silencio. La fe adulta es la que ve lo esencial y lo invisible. Es la que «sabe» que detrás del silencio respira Dios y que detrás de las montañas viene llegando la aurora. Lo esencial siempre queda escondido a la retina humana, sea la retina del ojo o de la sensibilidad interior. Lo esencial, la realidad última, sólo queda asequible a la mirada penetrante de la fe pura y desnuda, de la fe adulta.

La marcha de la fe

Veamos el comportamiento de María ante este silencio de Dios.

Nazaret dista de Belén, por la carretera moderna, unos 150 kilómetros. Es posible que, en aquel tiempo, la distancia fuese algo mayor.

> «Los caminos del país no estaban aún trazados y atendidos por los romanos, maestros en la materia, sino que eran malos y apenas transitables para las caravanas de asnos y camellos.
> Los consortes, en el mejor de los casos, parece que sólo tuvieron a su disposición un asno para transportar vituallas y los objetos más precisos, uno de aquellos asnos que aún hoy día, en Palestina, se ven siguiendo a un grupo de caminantes» (6).

No sabemos si María estaba obligada a presentarse para el censo; parece que no. De todas formas, el hecho es que José se dirigió a Belén «con María, su esposa, que estaba embarazada» (Lc 2,5).

_____

(6) G. RICCIOTTI, _Vida de Jesucristo_, Miracle, Barcelona 1968, 259.

84

«Estas palabras pueden muy bien implicar una delicada alusión a una de las razones por las cuales también fue María: es decir, la proximidad del parto, circunstancia en que no era conveniente dejarla sola» (7).

La Madre tuvo que caminar lentamente, con eventuales paradas de descanso. Debido a su estado de gravidez, el viaje resultó para la Madre lento y cansado. Podemos calcular que, en estas circunstancias, el viaje demoró entre 8 y 10 días.

De nuevo es preciso colocarnos en estado contemplativo para asomarnos al interior de María, auscultar sus pulsaciones espirituales y admirar su belleza interior.

Pobre y digna, ahí va dificultosamente avanzando la joven. Hoy amaneció un día frío y lluvioso, la caminata va a resultar particularmente molesta. Pero María es una *sierva,* no tiene derecho a reclamar. Dentro de su espiritualidad de *Sierva del Señor,* ella responde a las inclemencias: está bien, Padre mío, *hágase.* Y la Madre, queda llena de paz, a pesar de la lluvia y el frío.

La psicología de la joven que por primera vez va a ser madre es muy singular: vive entre la emoción y el temor. El silencio de Dios, como un cielo oscuro lleno de interrogantes, se abatió sobre María: ¿cuándo comenzarían las molestias del parto? En aquellos tiempos, todo parto era un eventual peligro de muerte. En nuestro caso, ¿habría serias complicaciones o todo resultaría normal y bien? Nadie lo sabe. ¿Llegaremos a Belén antes del acontecimiento? Y si el parto se produce en el camino,

_____

(7) G. Ricciotti, *o. c.,* 259.

antes de llegar a Belén, ¿qué hacemos? ¿Habrá una mujer experimentada en esas tareas que me pueda ayudar en ese momento?

Nadie sabe nada. Dios sigue en silencio. Frente a estos y otros interrogantes la Madre no queda irritada o ansiosa. Llena de paz, responde una y otra vez: *hágase,* de acuerdo, Padre mío, yo me abandono en Ti. Nunca se ha visto en esta tierra una mujer tan llena de paz, fortaleza, dulzura y elegancia.

¿Dónde dormiremos esta noche? En aquel recodo del camino, en la falda de aquel cerro. Vámonos hasta allá. Y lo que de lejos parecía confortable, en realidad es una concavidad de barro y viento. ¿No tenemos mejor lugar? Está cayendo la noche, y es tarde para buscar otro lugar; así que, aquí tendremos que dormir, o maldormir, entre la humedad y el estiércol. Dios no da muestras de vida. Dentro de su espiritualidad la Madre sólo acierta a decir: Señor mío, hicimos lo posible para encontrar mejor lugar; Tú has permitido que tengamos que pasar noche aquí; está bien, Padre mío, *hágase,* me abandono a tu voluntad. Y este inextinguible *hágase* hará que nunca se quiebre emocionalmente y la libertará de toda angustia.

Van pasando los días. Hacen todo lo posible en cuanto al alimento y en cuanto al descanso. Cuando todos los resultados eran adversos, no resiste ni se agita sino que se entrega. «Debieron dormir en lugares públicos de reposo, que se hallaban junto a los caminos, tendiéndose en tierra, como los demás viajeros, entre camellos y burros» (8). Y Dios seguía en silencio. ¿Qué hará María?

María no llorará, porque el llanto es una especie de protesta; y la sierva del Señor no puede protestar sino

(8) RICCIOTTI, *o. c.,* 259.

aceptar. Su *hágase* le dará perpetuamente un formidable estado interior de calma, serenidad, elegancia, dignidad, una categoría interior fuera de serie. No habrá en el mundo emergencias dolorosas ni eventualidades sorpresivas que puedan desequilibrar la estabilidad emocional de la Madre. Antes de ser Señora nuestra, fue Señora de sí misma.

Dulzura inquebrantable

Llegaron a Belén. En un momento determinado, Lucas dice que «no había lugar para ellos en la hospedería» (Lc 2,7). De este hecho vamos a deducir situaciones vitales de la Madre muy interesantes para nuestra contemplación.

La tal «hospedería» de que habla Lucas era simplemente el albergue de caravanas, el actual *Khan* palestinense.

> «Es un recinto sin techar, circuido por un muro bastante alto, con una sola puerta...
> Las bestias quedaban en el centro, al aire libre, y los viajeros, bajo los porches o entre los animales.
> Y en aquel amasijo de hombres y bestias revueltos, se hablaba de negocios, se rezaba, se cantaba, se dormía, se comía, se podía nacer, se podía morir...» (9).

Cuando el evangelista dice que no había lugar «para ellos» en el albergue caravanero, dice Ricciotti que la frase está más pensada de lo que parece. «Sitio por sitio,

---

(9) RICCIOTTI, *o. c.*, 259, 260.

lo habrían encontrado en aquel albergue. Jamás ocurre que un aposentador de caravanas, en el Oriente, diga que todo está ocupado» (10). Físicamente había lugar. Cuando añade «para ellos», veladamente quiere indicar que el lugar no es adecuado para el inminente parto. De otra manera, el evangelista habría dicho, simplemente, que no había lugar.

Eso significa que, en un momento determinado, la pobre Madre, junto con José, se asomó al lugar de las caravanas. Y cuando presenció aquella barahúnda de gritos, hombres y bestias, la Señora quedó espantada sólo de pensar que el parto tuviera que ocurrir ante la curiosidad general de tanta gente; y prefirió otro lugar, aunque fuese molesto y húmedo, con tal que fuese solitario y reservado.

De modo que las razones históricas por las que Jesús nació en una gruta fueron dos: la pobreza y la pureza. La pobreza, porque el dinero abre todas las puertas de este mundo. Y la pureza: llamo pureza en este caso a esa aura de delicadeza, dignidad y pudor con las que la Señora aparece siempre aureolada. La delicada Madre prefirió un lugar tranquilo, aunque fuera incómodo, con tal de evitar la curiosidad general a la hora del parto. Estas dos joyas brillan, pues, particularmente sobre la frente de la joven Madre.

Dice Ricciotti que María «quiso rodear su parto de reverente reserva».

Del hecho que acabamos de analizar se pueden deducir otras situaciones. Si María intentó, en último caso, buscar un rincón en el lugar de las caravanas, significa que anteriormente agotaron todos los intentos y posibilidades para buscar un lugarcito en casa de familiares,

(10) WILLIAM, *Vida de María*, Herder, Barcelona 1950, 102.

amigos y conocidos que, sin duda, los tendrían. Abandonarse a la voluntad del Padre no significa cruzarse de brazos y esperar, sino hacer de nuestra parte todo lo posible para solucionar las dificultades y necesidades. Y a la hora de los resultados, cualesquiera que sean, entregarse en las manos del Padre. Sin duda, así hizo.

> «La imaginación popular coloca aquí escenas conmovedoras: María y José van de puerta en puerta, de una despachan a otra... Los evangelios no cuentan nada sobre eso. Pero debió ocurrir algo de eso... Eso hubiera sido lo más natural» (11).

Otra vez entramos en el interior de María. El cielo no se manifiesta. Urge asegurar un rincón. Los dolores del parto en cualquier momento pueden comenzar.

Cada puerta de un pariente o conocido que golpean es una ilusión y una desilusión a la vez: la ilusión de que quizá nos van a prestar un rincón para la emergencia del parto; y la desilusión de que, con palabras amables, al fin se les cierran las puertas.

María era joven. No había sido todavía curtida por los golpes de la vida. Era, pues, sensible por su edad. Era también sensible por temperamento, como se verá en otro lugar de este libro. Además, el estado de emoción y temor en que psicológicamente se siente toda mujer que va a dar a luz por primera vez, agravaría esa sensibilidad.

Llamaron a otros conocidos, a otros parientes, a otros amigos. Se les cerraron todas las puertas, se les clausuraron todos los horizontes y todas las esperanzas. Estaban dadas las circunstancias para arrasar con el equilibrio emocional de la mujer más fuerte. Pero, en el caso pre-

---

(11) F. WILLIAM, o. c., 103.

sente, ni las emergencias más crueles serán capaces de perturbar el equilibrio interior de esta joven. Una y otra vez su perpetuo *hágase* la libertará de la ansiedad y de la caída emocional; le conferirá una fortaleza indestructible y la dejará sumida en estado de calma, dulzura, elegancia, dignidad y grandeza. Y, tranquilamente, seguirá buscando otras casas u otras soluciones.

Cuando se agotaron ya definitivamente todas las posibilidades, el cielo seguía mudo y Dios en silencio. ¿Y ahora? La Madre, indestructible, hizo en este momento el intento de buscar un rincón en el albergue de las caravanas. Viendo que aquel lugar no era adecuado, María —con José— emprende la peregrinación, monte arriba, en busca de un lugar reservado y tranquilo.

Y así, la sierva del Señor, abandonada indefectiblemente en las manos del Padre, espera llena de inquebrantable dulzura el Gran Momento.

La Madre fugitiva

Un buen día el cielo habló: «Toma al niño y a su Madre, huye a Egipto, y estáte allí hasta que se te diga otra cosa» (Mt 2,13). Estas pocas palabras poblaron de interrogantes el alma de María.

¿Por qué busca Herodes a este niño? ¿Cómo se enteró de su nacimiento? ¿Qué mal le hizo para que el rey busque su exterminio? ¿A Egipto? ¿Y por qué no a Samaría, a Siria o al Líbano, donde no reina Herodes? ¿Cómo ganaremos allí la vida? ¿Qué idioma hablaremos? ¿En qué templo rezaremos? ¿Hasta cuándo tendremos que estar allí? «Hasta que se te diga otra cosa.» ¿Estarán cerca los perseguidores?

Otra vez el terrible silencio de Dios se abatió sobre

la joven Madre como una nube sombría. Cuántas veces acontece esto mismo en nuestra vida. De súbito, todo parece absurdo. Nada tiene sentido. Todo se asemeja a una fatalidad ciega y siniestra. Nosotros mismos nos sentimos como juguetes en medio de un torbellino. ¿Dios? Si existe y es poderoso, ¿por qué permite todo esto? ¿Por qué calla? Nos dan ganas de rebelarnos contra todo y negarlo todo.

La Madre no se rebeló, se abandonó. A cada pregunta respondió con su *hágase*. Una sierva no pregunta, se entrega. Señor mío, yo me abandono, en silencio, en tus manos. Haz de mí lo que quieras, estoy dispuesta a todo, lo acepto todo. Lucharé con dientes y uñas para guardar la vida del niño y mi vida propia. Pero durante la lucha, y después, en tus manos deposito la suerte de mi vida. Y en silencio y paz emprende la fuga al extranjero.

En este momento María entra en la condición de fugitiva política. La existencia de este niño amenaza la seguridad de un cetro. Y el cetro, por su propia seguridad, amenaza la existencia del niño; y éste, en los brazos de su Madre, tiene que huir para asegurar su existencia.

Para saber cómo era el estado de ánimo de la Madre durante aquella fuga, tenemos que tener presente la psicología de un fugitivo político. Un fugitivo político vive de sobresalto en sobresalto. No puede dormir dos noches seguidas en un mismo lugar. Todo desconocido es para él un eventual delator. Cualquier sospechoso es un policía de civil. Vive temeroso, a la defensiva.

Así vivió la pobre Madre por aquellos días: de sobresalto en sobresalto: aquellos que vienen allá atrás, ¿no serán de la policía de Herodes? Aquellos otros que

vienen allá delante... Estos que están aquí parados...
¿Será conveniente dormir aquí? ¿Qué será mejor: viajar
de día o de noche?...

La fuga se realizó también dentro de la psicología propia de todo fugitivo, es decir: despacio y de prisa. Despacio, porque no podían andar por los caminos princi-
pales, donde podía estar apostada la policía de Herodes,
sino dando vueltas por entre cerros y vías secundarias;
por Hebrón, Bersabee, Idumea. Y de prisa, porque ur-
gía salir de los límites del reino de Herodes hasta tras-
pasar la frontera de El-Arish.

> «Al aproximarse al delta del Nilo, se extiende
> el clásico desierto, el "mar de arena", donde no se
> halla un matorral, ni un tallo de hierba, ni una
> piedra: nada excepto arena.
> Los tres fugitivos debieron arrastrarse fatigo-
> samente durante el día sobre las móviles arenas y
> bajo el agobiante calor, pasar la noche tendidos en
> tierra, no contando sino con la escasa agua y el
> escaso alimento que llevaban consigo: es decir, lo
> suficiente para una semana.
> Si ha de hacerse cargo de tal travesía, el via-
> jero actual necesita haber pasado varias noches
> insomne y al raso en la desolada Idumea, y haber
> entrevisto de día cómo pasa cerca de él algún gru-
> pito de contados hombres, e incluso de alguna mu-
> jer con un niño al pecho, y divisarlos taciturnos y
> pensativos, como resignados a la fatalidad, mien-
> tras se alejan, en la desolación, hacia una ignorada
> meta.
> Quien ha hecho tales experiencias y tenido ta-
> les encuentros en aquel desierto, ha visto, más que
> escenas de color local, documentos históricos rela-
> tivos al viaje de los tres prófugos de Belén» (12).

---

(12) Ricciotti, o. c., 250.

Y en medio de esa devastada soledad telúrica y envuelta en el silencio, todavía más impresionante, de Dios, ahí va la Madre fugitiva. Como una figura patética, pero con aire de gran dama, humilde, abandonada en las manos del Padre, llena de una dulzura inquebrantable, repitiendo permanentemente su *amén* en cuanto trata de no ser descubierta por la policía.

La prueba del desgaste

Entre las tácticas humanas más eficientes para destruir una persona o una institución, se cuenta la guerra psicológica del desgaste. Dicen que el agua, cayendo gota a gota, acaba por perforar las entrañas de una roca. Ser héroe durante una semana o durante un mes es relativamente fácil porque es emocionante. No quebrarse por la monotonía de los años es mucho más difícil.

Por lo que me parece, la prueba más aguda para la fe de María estuvo en el Calvario, pero la prueba más peligrosa estuvo en esos treinta años, bajo la bóveda del silencio de Dios. La herida de la «espada» (Lc 2,35), por muy profunda y sangrienta que hubiera de ser o hubiese sido, no fue tan amenazante para la estabilidad emocional de la fe de María como esos interminables treinta años que envolvieron psicológicamente el alma de María con el manto de la rutina y del desgaste. Para entender su peligrosa travesía por esa ruta de los treinta años, vamos a pensar en otros casos paralelos.

A sus 75 años, según la Biblia, se le promete a Abraham un hijo. Pero Dios, premeditadamente, va demorando el cumplimiento de la promesa y somete la fe de Abraham a la prueba del desgaste. Pasaron los años, el hijo no llega y la fe de Abraham comienza a languidecer. Pasan más años, el hijo no llega y la fe del Patriarca fue rodando por una pendiente, hasta que, en un momento dado, Abraham cayó en una profunda depresión y para no sucumbir totalmente exigió de Dios una garantía visible, un fenómeno sensible, una «señal» (Gén 15,8).

A mediados del siglo pasado, Bernardette Soubirous tuvo en Lourdes una serie espléndida de manifestaciones celestiales. Repentinamente el cielo calló, y hasta el día de su muerte la acompañó el silencio. Dicen sus biógrafos que fue un silencio tan desconcertante para Bernardette que la sumió en angustiosas dudas sobre la objetividad de las ya lejanas apariciones.

Es que siempre ocurre lo mismo: cuanto más intensa es la luz del sol, más profundas son las sombras. Cuanto más clamorosa es la manifestación de Dios, tanto más pesado resulta su silencio posterior. Eso mismo sucedió en el caso de la Señora.

Van pasando los años. La impresión viva y fresca de la anunciación quedó allá lejos. De aquello ya no queda más que un recuerdo apagado, como un eco lejano. La Madre se siente como atrapada entre el resplandor de aquellas antiguas promesas y la realidad presente, tan opaca y anodina. La monotonía se encarnó en Nazaret, entre unos horizontes geográficos inalterables y los horizontes humanos paralizados.

La monotonía tiene siempre la misma cara: las largas horas, los largos días, los interminables treinta años, los vecinos se encierran en sus casas, en el invierno oscurece muy temprano, se cierran las puertas y ventanas, quedan los dos ahí, frente a frente, la Madre observa todo: ahí está el Hijo: trabaja, come, reza... Siempre lo mismo un día y otro y otro, una semana y otra y otra, cada año parece una eternidad, da la impresión de que todo está paralizado, todo sigue igual, como una estepa inmóvil.

¿Qué hacía la Madre? En las eternizadas horas, en cuanto ella molía trigo, amasaba el pan, traía leña del cerro o agua de la fuente, daba vueltas en su cabeza a las palabras que un día — ¡ya tan lejano! — le comunicara el ángel: «Será grande; se llamará Hijo del Altísimo; su reino no tendrá fin» (Lc 1,32). Las palabras antiguas eran resplandecientes, la realidad que tenía ante sus ojos era cosa muy distinta: ahí estaba el muchacho, trabajando en el rincón oscuro de la rústica vivienda. Ahí estaba silencioso, solitario, reservado... ¿Será grande? ¡No era grande, no! Era igual que todos los demás.

Y la perplejidad comenzó a golpear insistentemente las puertas. ¿Sería verdad todo aquello? ¿No habría sido yo víctima de una alucinación? Aquellas palabras, ¿no serían, quizá, simplemente sueños de grandeza?

Esta es nuestra suprema tentación en la vida de fe: querer tener una evidencia, querer agarrar con las manos la realidad, querer palpar la objetividad como una piedra fría, pretender salir de las aguas movedizas y pisar tierra firme, querer saltar de los brazos de una noche oscura para abrir los ojos y ver el sol, decir a Dios: ¡Padre Incomparable!, dame una garantía para asegurarme de que todo esto es verdad, transfórmate aquí, delante de mis ojos, en fuego, tormenta o huracán.

La Madre no hizo eso. Golpeada por la perplejidad, no se agitó. Quedó quieta, se abandonó incondicionalmente, sin resistir, en los brazos de la monotonía, como expresión de la voluntad del Padre. Cuando todo parecía absurdo, ella respondía su *amén* al mismo absurdo, y el absurdo desaparecía. Al silencio de Dios respondía con el *hágase*, y el silencio se transformaba en presencia. En lugar de exigir a Dios una garantía de veracidad, la Madre se aferraba incansablemente a la voluntad de Dios, quedaba en paz y la duda se transformaba en dulzura.

En Nazaret la vida social es inexorablemente monótona. Las noticias sobre las agitaciones nacionalistas y las represiones imperialistas llegan a Nazaret como un eco apagado y tardío que no impacta ni desafía ni incomoda a los nazaretanos.

El muchacho ya tiene 15, 18, 20 años; no hay manifestaciones, todo está en silencio, no existe ninguna novedad. Gran peligro para la fe de María: puede ser abatida por el desaliento o el vacío. Pero la Madre no abre las puertas a las dudas: ¿Sería verdad todo aquello? Parece que me engañé.

El Hijo ya es un hombre adulto de 22, 25, 28 años. Su pariente Juan, hijo de Zacarías, estaba conmoviendo a la capital teocrática, arrastrando multitudes al desierto. ¿Y éste? Este está ahí; apenas habla, va a las casas a arreglar una ventana, una mesa, una silla; sube al tejado para arreglar una viga, carga troncos para hacer yugos de bueyes. La Madre observa, medita, calla. El Hijo no se prepara para ninguna misión. Además, parece que no se avecina ninguna novedad. El joven es igual que todos los demás. Las palabras de la anunciación parecían, definitivamente, bonitos sueños de una noche de verano.

¿Y ella? ¿No se le dijo que todas las generaciones la llamarían bienaventurada? Imposible. Estaba aproximándose el ocaso de su vida. Aparecía prematuramente anciana, como siempre acontece con las personas de los países subdesarrollados. Su vida, al parecer, no se diferenciaba mucho de la vida de sus vecinas. Hace tantos años que no le había acontecido nada especial y, al parecer, ninguna novedad se cernía sobre el horizonte de su vida. A las veces todo parecía tan vacío, tan sin sentido... Estoy seguro de que la fe de María fue asaltada y combatida —mas nunca abatida— por un escuadrón de preguntas que llegaban en sucesivas oleadas.

Para no sucumbir tuvo que desplegar una enorme cantidad de fe adulta, fe pura y desnuda, aquella que sólo se apoya en Dios mismo.

Su secreto fue éste: no resistir sino entregarse. Ella no podía cambiar nada: ni la misteriosa tardanza de la manifestación de Jesús, ni la rutina que, como una sombra, iba envolviendo e invadiendo todo, ni el silencio desconcertante de Dios... Si María no podía cambiar, ¿por qué resistir? El Padre lo quería así o lo permitía así.

Solamente el desenvolvimiento de una gran intimidad con el Padre, y el abandono inquebrantable en sus manos, libró a María del peor escollo en su peregrinación. Así realizó María la travesía de los treinta años, navegando en el barco de la fe adulta.

Otro tanto ocurre en la vida religiosa o en el sacerdocio: recibieron la unción sacerdotal, emitieron la profesión. En los primeros años todo era novedad. La generosidad inicial hacía que se desplegaran poderosas energías, se lograban resultados brillantes; éstos, a su vez, encendían la llama del entusiasmo. Pasaron 15, 20 años. La novedad murió. Sin saber cómo y sin que nadie se diera cuenta, la rutina, como una sombra invisible, fue invadiéndolo todo: la oficina, la parroquia, el colegio, el hospital, la capilla y sobre todo... la vida. Llegó la fatiga, y ahora resulta difícil ser fiel y mucho más difícil seguir «brillando incansablemente como las estrellas eternas» (Dan 12,3).

Lo mismo acontece en el matrimonio. La novedad y frescura de los primeros tiempos, en espera del primer hijo, son capaces de mantener la llama de la ilusión muy alta. Pero ¿qué acontece después? Van pasando los años, los esposos se mueven invariablemente en el circuito cerrado de unos horizontes inalterables, la monotonía comienza a invadirlo todo, la rutina sustituye a la novedad y poco a poco comienzan las crisis que amenazan, a veces seriamente, la estabilidad matrimonial...

Para cualquier persona o estado, María es el modelo. Su coraje y fortaleza, esa fe adulta, nos librará también a nosotros de cualquier asfixia.

Una espada

Cuando el Concilio habla de que María fue avanzando en la peregrinación de la fe, en el mismo párrafo habla con insistencia sobre el Calvario: «Y mantuvo fielmente la unión con su Hijo hasta la cruz, se condolió vehementemente con su Unigénito, y se asoció con corazón maternal a su sacrificio, consintiendo con amor en la inmolación de la Víctima engendrada por ella misma» (LG 58). Por estas expresiones, y sobre todo por su contexto, el

Concilio parecería indicar que el momento alto —y también la prueba, porque no hay grandeza sin prueba— para la fe de la Madre, estuvo en el Calvario.

Hay otro párrafo en el mismo documento en el que el Concilio, con una expresión lapidaria y emotiva, viene a resaltar que la fe de María alcanzó su más alta expresión allá junto a la cruz.

En efecto, hablando del *hágase* de María pronunciado en el día de la anunciación, añade estas significativas palabras: «¡Y lo mantuvo [el *hágase*] sin vacilación al pie de la cruz!» (LG 61). De esta manera el Concilio quiere indicar que la prueba más difícil para el *hágase* de María fue el desastre del Calvario.

Sin salir del espíritu del texto conciliar, quisiera presentar aquí unas reflexiones de tal manera que todo redunde para la máxima gloria de la Madre.

Posiblemente la historia más lacónica, completa y patética de la Biblia, está resumida en estas palabras: «Junto a la cruz de Jesús estaba, de pie, su Madre» (Jn 19,29). Estas breves palabras evocan un vasto universo con implicaciones trascendentales para la historia de la salvación.

En otro lugar de este libro hablamos ampliamente sobre la Maternidad espiritual que nace aquí, al pie de la cruz. En este momento sólo nos interesa enfocar nuestra contemplación exclusivamente desde el punto de vista de la fe.

La pregunta clave para ponderar el mérito, y por consiguiente la grandeza de la fe de María, es ésta: ¿sabía María todo el significado de lo que estaba aconteciendo esa tarde en el Calvario? ¿Sabía, por ejemplo, tanto cuanto nostros sabemos sobre el significado trascendental y redentor de aquella muerte sangrienta?

Según como sea la respuesta a estas preguntas, se medirá la altura y profundidad de la fe de María. Y la respuesta dependerá, a su vez, de la imagen o preconcepto —muchas veces emocional— que cada cual tenga sobre la persona de María.

En cuanto a esto caben, según me parece, posiciones ambiguas, y habría otras preguntas previas para un cabal esclarecimiento, por ejemplo: si María sabía todo, ¿su mérito era mayor o menor? Si el Misterio lo vislumbraba tan sólo entre penumbras, ¿aumentaba o disminuía el mérito de su fe? ¿Se podría afirmar quizá, en algún sentido, que cuanto menos conocimientos tuviera tanto más meritoria y mayor era su fe? Muchas conclusiones dependen del presupuesto o esquema mental con el que cada cual se coloca frente a la persona de María. También yo tengo mi esquema que, según me parece, arroja sobre la Señora el máximo esplendor.

De todas formas, antes de seguir adelante es preciso distinguir claramente en María la ciencia (conocimiento teológico de la Madre sobre lo que estaba aconteciendo en el Calvario) de la fe. La grandeza no le viene a María de su conocimiento, mayor o menor, sino de su fe.

Para saber exactamente qué le aconteció a María aquella tarde —acontecer en el sentido vital de la palabra—, no podemos imaginar a María como un ente abstracto y solitario, aislado de su grupo humano, sino como una persona normal que recibe el impacto de la influencia de su medio ambiente. Así somos los humanos y así fue sin duda María.

Pues bien: por el contexto evangélico, la muerte de Jesús tuvo para los apóstoles carácter de catástrofe final. Ahí se acababa todo. Esa impresión y estado de ánimo están admirablemente reflejados en la escena de Emaús. Cleofás, después de sentirse triste porque el Interlocutor ignoraba los últimos sucesos que para él eran herida reciente y doliente, acabó con un «nosotros esperábamos», como quien quiere añadir después: pero ya todo está perdido; ¡todo fue un sueño tan bonito!, mas fue sueño.

Caifás, representando al bando contrario, tenía la convicción de que, acabando con Jesús, acababa con el movimiento. Y tenía razón, porque así mismo sucedió. Cuando los apóstoles vieron a Jesús en manos de los enemigos, se olvidaron de sus juramentos de fidelidad y cada cual, buscando salvar su propia piel, se dieron a la fuga en desbandada abandonándolo todo. A los tres días estaban todavía escondidos con las puertas bien atrancadas (Jn 20,19), para salvar por lo menos su pellejo, ya que habían perdido a su líder.

Ese era su estado de ánimo: en el sepulcro dormía, enterrado para siempre, un lindo sueño junto al Soñador. De ahí su obstinada resistencia a creer en las noticias de la Resurrección. El día de Pentecostés, el Espíritu Santo esclareció todo el panorama de Jesús. Sólo entonces supieron quién fue Jesucristo.

¿Y María? Primeramente no debemos olvidar que María alternaba y se movía en medio de este grupo humano tan desorientado y abatido.

Yo no puedo imaginarme —ésa es mi imagen— a

María adorando emocionada cada gota de sangre que caía de la cruz. Yo no podría imaginarme que María supiera toda la teología sobre la Redención por la muerte de cruz, teología que nos enseñó el Espíritu Santo a partir de Pentecostés.

Si ella hubiese sabido todo cuanto nosotros sabemos, ¿cuál habría sido su mérito? En medio de aquel escenario desolado hubiera constituido un consuelo infinito el saber que ni una sola gota de esa sangre se la tragaría inútilmente la tierra; el saber que si se perdía el Hijo, se ganaba a cambio el mundo y la Historia; y el saber, además, que la ausencia del Hijo sería momentánea. En estas circunstancias poco le hubiera costado aceptar con paz aquella muerte.

Tampoco puedo imaginármela dominada por el desconcierto total de los apóstoles, pensando que todo terminaba ahí. Eso tampoco.

Vemos por el evangelio que María fue navegando entre luces y sombras, comprendiendo a veces claramente, otras veces no tanto, meditando las palabras antiguas, adhiriéndose a la voluntad del Padre, vislumbrando en forma lenta pero creciente el Misterio trascendente de Jesucristo...

Según eso, ¿qué habría sucedido en el calvario? Aunque es tarea difícil, voy a intentar entrar en el contexto vital de la Madre y mostrar en qué consistió su suprema grandeza en ese momento.

Está metida en el círculo cerrado de una furiosa tempestad, interpretada por todo el mundo como el desastre final de un proyecto dorado y adorado.

Es preciso imaginarse el contorno humano, en cuyo

centro está ella, de pie; en el primer plano, los ejecutores de la sentencia, fríos e indiferentes; más allá, los sanedritas, con aire triunfal; más lejos, la multitud de curiosos, entre los cuales unas pocas valientes mujeres que, con sus lágrimas de impotencia, manifiestan su simpatía por el Crucificado. Y, para todos estos grupos sin excepción, lo que estaba sucediendo era la última escena de una tragedia.

Los sueños acababan aquí, juntamente con el Soñador.

Es preciso colocarse en medio de ese círculo vital y fatal en que unos lamentaban y otros celebraban ese triste final. Y en medio de ese remolino la figura digna y patética de la Madre, aferrada a su fe para no sucumbir emocionalmente, entendiendo algunas cosas, por ejemplo lo de la «espada», vislumbrando confusamente otras... No son circunstancias para pensar en bonitas teologías. Cuando alguien está combatido por un huracán le basta con mantenerse en pie y no caer.

¿Entender? ¿Saber? Eso no es lo importante. Tampoco entendió ella las palabras del Niño de doce años; sin embargo tuvo, también allá, una reacción sublime. Lo importante no es el conocimiento sino la fe, y ciertamente la fe de María escaló aquí la montaña más alta. La que no entendió las palabras de Simeón (Lc 2,33), ¿entendería completamente lo que estaba sucediendo en el Calvario? Lo importante no era el entender, sino el entregarse.

Y en medio de esa oscuridad, María, dice el Concilio (LG 61), mantuvo su *hágase* en un tono sostenido y agudo:

Padre querido, apenas entiendo nada en medio de esta confusión general; sólo entiendo que si Tú no hubieras querido, nunca habría acontecido esto. *Hágase,* pues, tu Voluntad.

Todo parece incomprensible, pero estoy de acuerdo, Padre mío. No veo por qué tenía que morir tan joven, y sobre todo de esta manera, pero acepto tu Voluntad. ¡Está bien, Padre mío!

No veo por qué tenía que ser este cáliz, y no otro, para salvar el mundo. Pero no importa. Me basta saber que es obra tuya. *Hágase.* Lo importante no es ver sino aceptar.

No veo por qué el Esperado durante tanto tiempo tenía que ser interrumpido intempestivamente al comienzo de su tarea. Un día me dijiste que mi Hijo sería grande, no veo que sea grande. Mas, aunque nada vea, yo sé que todo está bien, lo acepto todo, estoy de acuerdo con todo, *hágase* tu Voluntad.

Padre mío, en tus brazos deposito a mi querido Hijo.

Fue el holocausto perfecto, la oblación total. La Madre adquirió una altura espiritual vertiginosa, nunca fue tan pobre y tan grande, parecía una pálida sombra pero al mismo tiempo tenía la estampa de una reina.

En esta tarde, la Fidelidad levantó un altar en la cumbre más alta del mundo.

«Señora de la Pascua:
    Señora de la Cruz y la Esperanza,
    Señora del Viernes y del Domingo,
    Señora de la noche y de la mañana,
    Señora de todas las partidas,

porque eres la Señora del
"tránsito" o la "pascua".
Escúchanos:
Hoy queremos decirte "muchas gracias".
Muchas gracias, Señora, por tu *Fiat;*
por tu completa disponibilidad de "esclava".
Por tu pobreza y tu silencio.
Por el gozo de tus siete espadas.
Por el dolor de todas tus partidas,
que fueron dando la paz a tantas almas.
Por haberte quedado con nosotros
a pesar del tiempo y las distancias.»

Cardenal Pironio

Capítulo tercero

SILENCIO

Un profundo silencio lo envolvía todo,
y la noche avanzaba en medio de su carrera,
cuando tu Omnipotente Palabra,
bajó de los altos cielos al medio de la tierra

(Sab 18,14-16)

El corazón conoce lo que la lengua
nunca podrá proferir,
y lo que los oídos jamás podrán escuchar.

GIBRÁN

1. Fidelidad en el silencio

Gratuidad y silencio

Todo lo definitivo nace y se consuma en el seno del silencio: la vida, la muerte, el más allá, la gracia, el pecado. Lo palpitante siempre está latente.

Silencio es el nuevo nombre de Dios. El penetra todo, crea, conserva y sostiene todo, y nadie se da cuenta. Si no tuviéramos su Palabra y las evidencias de su amor, experimentadas todos los días, diríamos que Dios es enigma. Pero no es exactamente eso. Dios «es» silencio, desde siempre y para siempre. Opera silenciosamente en las profundidades de las almas.

En los designios inexplicables de su Iniciativa, libre y libertadora, nacen las operaciones de la Gracia. ¿Por qué da a unos y no a otros? ¿Por qué ahora sí y no antes? ¿Por qué en este grado y no en otro? Todo queda en silencio. La gratuidad, por definición, no tiene razones ni explicaciones. Es silencio.

Por eso nuestro Dios es desconcertante, porque es esencialmente gratuidad. Todo parte de El, la gracia y la gloria, el mérito y el salario. Nada se merece, todo se recibe. El nos amó primero. Nadie le puede preguntar por sus decisiones. Ningún ser humano puede levantarse ante El, reclamando, exigiendo o cuestionando. Todo es Gracia. Por eso sus caminos son desconcertantes y a menudo nos hunden en la confusión.

A veces tenemos la impresión de que el Padre nos abandona. Pero, a la vuelta de la esquina, nos envuelve repentinamente con una visitación embriagadora. Aunque sus caminos normales son los mecanismos ordinarios de la gracia, de pronto el Padre nos sorprende con gratuidades inesperadas. Dios es así. Es preciso aceptarlo tal como El es.

No hay lógica «humana» en su obrar. Sus pensamientos y criterios son diferentes a los nuestros. Lo más difícil es tener paciencia con este nuestro Dios. Lo más difícil, en nuestra ascensión hacia El, es aceptar con paz esa gratuidad esencial del Señor, sufrir con paciencia sus demoras, aceptar en silencio las realidades promovidas o permitidas por El. Dios es así, gratuidad.

Su gracia actúa en silencio. Se inserta silenciosamente en la complejísima entraña de la naturaleza humana. Nadie sabe cómo sucede. Nadie sabe si los códigos genéticos, las combinaciones bioquímicas o los traumas de la infancia o anteriores, obstruyen o destruyen la libertad, tierra donde echa sus raíces el árbol de la gracia.

¿El pecado? Es el supremo misterio del silencio. ¿Quién lo puede pesar? La fidelidad es un duelo entre la gracia y la libertad. ¿Quién la puede medir? ¿En qué grado presiona la Gracia, y en qué grado resiste la libertad? Todo queda en silencio, sin respuesta.

En la conducta humana, ¿cuánto hay de simple inclinación genética, heredada de los progenitores, cuánto de condicionamiento determinado por las «heridas» de la infancia, y cuánto es fruto de un esfuerzo libre? Todo queda sin respuesta.

Miremos a nuestro derredor. Condenamos airadamente a éste, porque tuvo una explosión violenta, o porque un hecho de su vida escandalizó a la opinión pública. Todo el mundo presenció la explosión o el escándalo y todos se sintieron con derecho a juzgarlo y condenarlo. Pero ¿quién presenció anteriormente sus victorias espirituales? ¿Quién sabe de las decenas de superaciones que hubo, en el silencio de su alma, antes de aquel «pecado»? Cada uno de nosotros somos testigos irrefutables de cuánta generosidad y constancia tuvimos que desplegar, cuántos vencimientos, antes de sentir nosotros mismos un poco de mejoría en la humildad, paciencia, madurez... ¡Y cuánto esfuerzo más para cuando los demás sintieron nuestra mejoría!

¿Por qué triunfan unos y otros no? ¿Por qué éste, con una inteligencia tan brillante, fue siempre un desajustado en la vida? ¿Por qué éste, mediocre, emerge por encima de los demás? ¿Quién iba a pensar que este niño, nacido en un oscuro rincón del mundo, iba a dejar una huella tan honda en la historia? ¿Quién iba a pensar que este personaje o movimiento político iba a terminar en semejante colapso? Todo está encubierto con un velo. Todo es silencio.

Todo lo definitivo lleva el sello del silencio. ¿Cuántos contemporáneos percibieron siquiera un fulgor de la presencia sustancial del Dios eterno, que habitaba en aquel oscuro nazaretano llamado Jesús? ¿Con qué ojos lo contemplaron Felipe, Natanael o Andrés? ¿Qué pensaron de El Nicodemo o Caifás?

La travesía del Hijo de Dios, bajo las profundas aguas humanas, se hizo en completo silencio. El contemplador queda mudo por este hecho. Un meteoro cruza el firmamento silenciosamente, pero al menos brilla. Dios, en su paso por la experiencia humana, ni siquiera brilló; fue eclipse y silencio. Lo que más nos admira en Jesús y en su Madre es su humildad silenciosa.

¿Cuántos se enteraron de que aquella vecina de Nazaret que acarreaba agua o leña, que nunca se metía en los asuntos de las vecinas pero que las ayudaba en sus necesidades, cuántos supieron, repito, que aquella vecina era *llena de gracia,* privilegiada del Señor y excelsa por encima de todas las mujeres de la tierra?

¿Qué pensaban de ella sus parientes de Caná o sus propios familiares más próximos? Todo el misterio de María estuvo enterrado entre los pliegues del silencio, durante la mayor parte de su vida. Muchos de sus privilegios —Inmaculada, Asunción...— estuvieron en silencio, incluso en la Iglesia, durante muchos siglos. Volvemos a la misma conclusión: lo definitivo está en silencio.

Receptividad

Escogí esta palabra —silencio— para titular este libro y este capítulo, porque me parecía que resumía y expresaba cabalmente la historia y personalidad de María.

Existen en la Biblia expresiones muy cargadas de connotaciones vitales, y no se dan en los idiomas modernos vocablos que puedan absorber y retransmitir toda aquella carga. Así, por ejemplo, *shalom.* Nuestra palabra *paz* no agota de ninguna manera la carga vital de aquella expresión hebraica. *Anau* significa mucho más que nuestra palabra *pobre*. La *fe,* de que tanto habla Pablo, encierra armónicas mucho más amplias que esa misma palabra en nuestros labios.

De manera análoga, cuando digo *silencio* aplicado al caso de María, quisiera evocar un complejo prisma de resonancias. Al decir *silencio,* en el caso de María, estoy pensando en su disponibilidad y receptividad. Cuando digo *silencio de María,* quisiera significar expresiones como profundidad, plenitud, fecundidad. Quisiera evocar también conceptos como fortaleza, dominio de sí, madurez humana. Y, de manera muy especial, los vocablos fidelidad y humildad los consideraría casi como sinónimos de silencio.

Lugar de origen

Se llama María de Nazaret. El nombre de Nazaret no aparece ni una sola vez en el Antiguo Testamento ni en el Talmud. En sus dos famosos libros, *Antigüedades Judaicas* y *Guerra Judaica,* Flavio Josefo agota toda la materia geográfica e histórica de Palestina. Pues bien, por ninguna parte aparece el nombre de Nazaret.

Como bien sabemos, los romanos en sus mapas imperiales tenían anotados cuidadosamente los nombres de los pueblos y ciudades de su vasto imperio, aun los nombres de los lugares más insignificantes. El nombre de Nazaret tampoco aparece por ninguna parte.

Nazaret «es» silencio.

Los únicos escritos que nos hablan de Nazaret son los evangelios. Y el evangelista recogió —y le pareció interesante el consignarlo— una ironía de Natanael, típica entre rivales pueblos provincianos: «¿De Nazaret puede salir algo bueno?» (Jn 1,46).

113

De María no sabemos cuándo y dónde nació, ni quiénes fueron sus padres. No sabemos cuándo y dónde murió, ni siquiera si murió. Todo es silencio en torno a María.

De cualquier personaje importante lo primero que nos interesa, en un primer golpe de curiosidad, es cuándo y dónde nació. Acerca de cuándo nació María podríamos conjeturar una fecha aproximativa a partir de ciertas costumbres de aquellos tiempos, como por ejemplo la edad de los *esponsales*.

Pero acerca de dónde nació ni siquiera puede conjeturarse, porque en una región donde reinaban costumbres semi-nómadas, sus habitantes no saben de estabilidad local, por cualquier motivo se desplazan de un lugar a otro, se instalan provisionalmente en otra parte y sus hijos nacen en cualquier lugar. María pudo haber nacido en Naím, Betsaida o Caná. Nadie lo sabe.

Acerca de los padres de María no sabemos nada. La tradición, siguiendo a los evangelios apócrifos, nos asegura que se llamaron Joaquín y Ana. Pero los evangelios canónicos no nos dicen nada. Todo es incierto, nada es seguro. Los orígenes de María se esconden en el más profundo silencio.

En la Biblia, un silencio impresionante envuelve la vida de María. En los evangelios, aparece incidentalmente y desaparece en seguida.

Los dos primeros capítulos nos hablan de ella. Pero aun aquí María aparece como un candelabro: lo importante es la luz —el Niño—. Como ya hemos explicado, las noticias de la infancia nacieron, en su última instancia, de María. De alguna manera podríamos decir: aquí habla María. Y la Madre habla de José, de Zacarías, de Simeón, de los pastores, de los ángeles, de los reyes... De ella misma apenas habla nada. María no es narcisista.

Después, en los evangelios, aparece y desaparece como una estrella errante, como si sintiera vergüenza de presentarse: en el templo, cuando se pierde el Niño (Lc 2,41-50), en Caná (Jn 2,1-12), en Cafarnaúm (Mc 3,31-35), en el Calvario (Jn 19,25-28), en el Cenáculo, presidiendo el grupo de los Doce, en oración (He 1,14). En estas tres últimas presentaciones, no articula ni una palabra.

Después, sólo una alusión indirecta, mucho más impersonal: «nacido de mujer». Aquí, Pablo coloca a María detrás de un extraño anonimato: «Dios envió a su Hijo, nacido de mujer» (Gál 4,4). Hubiese sido suficiente colocar el nombre de María detrás de la palabra «mujer», ¡y hubiera quedado tan bonito! Pero no. El destino de la Madre es quedar siempre allá atrás, en la penumbra del silencio.

Impresiona y extraña la poca importancia que, al parecer, Pablo da a María. Por los cómputos cronológicos ellos dos pudieron haberse conocido personalmente, y posiblemente se conocieron. Al reclamar su autoridad apostólica, Pablo se gloría de haber conocido personalmente a Santiago «hermano» del Señor (Gál 1,19). Sin embargo, de María no hace alusión alguna, ni siquiera indirecta, en sus cartas.

Fuera de esas fugitivas apariciones, la Biblia no habla nada más de María. Lo demás es silencio. Sólo Dios es importante. María transparenta y queda en silencio.

115

Fue como esos vidrios grandes, limpios y transparentes. Estamos en una habitación, sentados en una butaca, contemplando variadas escenas y lindos paisajes: las gentes caminan por la calle, se ven árboles, pájaros, panoramas bellísimos, estrellas en la noche. Nos entusiasmamos de tanta belleza. Pero ¿a quién debemos todo eso? ¿Quién se da cuenta de la presencia y de la función del vidrio? Si en lugar de vidrio hubiese una pared, ¿veríamos esas maravillas? Ese vidrio es tan humilde, que transparenta un panorama magnífico y él queda en silencio.

Eso, exactamente, fue María.

Fue una mujer tan pobre y tan limpia (como el vidrio), tan desinterasada y tan humilde, que nos hizo presente, nos transparentó el Misterio Total de Dios y su Salvación, y ella quedó en silencio, apenas nadie se dio cuenta de su presencia en la Biblia.

Navegando en el mar del anonimato, perdida en la noche del silencio, siempre al pie del sacrificio y de la esperanza, la figura de la Madre no es una personalidad acabada con contornos propios.

Este es el destino de María. Mejor, María no tiene destino como tampoco tiene figura configurada. Siempre está adornada con la figura del Hijo. Siempre dice relación a Alguien. Ella siempre queda atrás. La Madre fue un «silencio cautivador», como dice Von le Fort.

María fue aquella Madre que se perdió silenciosamente en el Hijo.

El silencio de la virginidad

La llamamos *La Virgen*. La virginidad es en sí misma silencio y soledad. Si bien la virginidad hace tam-

116

bién referencia a los aspectos biológicos y afectivos, sin embargo, el misterio de la virginidad encierra contornos mucho más amplios.

En primer lugar la virginidad es, fisiológica y psicológicamente, silencio. El corazón de un virgen es esencialmente un corazón solitario. Las emociones humanas de orden afectivo-sexual que de por sí son clamorosas, quedan en completo silencio en un corazón virgen, todo queda en calma, en paz, como una llama apagada. Ni reprimida ni suprimida, sino controlada.

La virginidad tiene hundidas sus raíces en el misterio de la pobreza. Posiblemente es el aspecto más radical de la pobreza. Yo no entiendo esa contradicción que se da en nuestros tiempos posconciliares en los medios eclesiásticos: la tendencia a exaltar la pobreza y la tendencia a subestimar la virginidad. ¿No será que no se entiende bien ni lo uno ni lo otro? ¿No será que ciertos eclesiásticos quieren bogar sobre la espuma de la moda exaltando «lo pobre» en la línea marxista y rechazando «lo virgen» en la línea freudiana? Sin embargo, el misterio profundo, tanto de la pobreza como de la virginidad, se desarrolla en una latitud ¡tan distante de Marx y de Freud...! en el misterio final de Dios.

Soledad, silencio, pobreza, virginidad —conceptos tan condicionales y entrecruzados— no son ni tienen en sí mismos valor alguno; son vacíos y carecen de valor. Sólo un contenido les da sentido y valor: Dios.

Virginidad significa pleno consentimiento al pleno dominio de Dios, a la plena y exclusiva presencia del Señor. Dios mismo es el misterio final y la explicación total de la virginidad.

Es evidente que la constitución psicológica del hombre y de la mujer exige mutua complementariedad. Cuando el Dios vivo y verdadero ocupa, *viva y completamente,* un corazón virgen, no existen necesidades complementarias, porque el corazón está ocupado y «realizado» completamente. Pero cuando Dios, de hecho, no ocupa completamente un corazón consagrado, entonces sí nace inmediatamente la necesidad de *complementariedad.*

Los freudianos están radicalmente incapacitados para entender el misterio de la virginidad, porque siempre parten de un presupuesto materialista y por tanto ateo. No tienen autoridad, les falta la «base» de experimentación y por consiguiente «rigor científico» para entender una «realidad» (virginidad «en» Dios) que es esencialmente inaccesible e incluso inexistente para ellos.

La virginidad sin Dios —sin un Dios vivo y verdadero— es un absurdo humano, desde cualquier punto de vista. La castidad sin Dios es siempre represión y fuente de neurosis. Más claro: si Dios no está *vivo* en un corazón consagrado, ningún ser normal en este mundo puede ser virgen ni casto, al menos en el sentido radical de estos conceptos.

Sólo Dios es capaz de despertar armonías inmortales en el corazón solitario y silencioso de un virgen. Y de esta manera Dios, siempre prodigioso, origina el misterio de la *libertad.* El corazón de un verdadero virgen es esencialmente libertad. Un corazón consagrado a Dios, en virginidad —y habitado *de verdad* por su presencia—, nunca va a permitir, no «puede» permitir que su corazón quede *dependiente* de nadie.

Ese corazón virgen puede y deber amar profundamente, pero siempre permanece señor de sí mismo. Y eso porque su amor es fundamentalmente un amor oblativo y difusivo. El afecto meramente humano, por esconder diferentes y camufladas dosis de egoísmo, tiende a ser exclusivo y posesivo. Es difícil, casi imposible, amar a todos cuando se ama a una sola persona. El amor virginal tiende a ser oblativo y universal. Sólo desde la plataforma de Dios se pueden desplegar las grandes energías ofrendadas al Señor, hacia todos los hermanos. Si un virgen no abre sus capacidades afectivas al servicio de todos, estaríamos ante una vivencia frustrada y por consiguiente falsa de la virginidad.

De ahí sucede que la virginidad sea libertad. Un corazón virgen no «puede» permitir que nadie domine o absorba ese corazón, aun cuando ame y sea amado profundamente. Dios es libertad en él. Posiblemente, el signo inequívoco de la virginidad esté en esto: no crea dependencias ni queda dependiente de nadie. El que es libre —virgen— siempre liberta, amando y siendo amado. Es Dios el que realiza este equilibrio. Así fue Jesús.

Si Dios es el misterio y la explicación de la virginidad, podríamos concluir que, cuanta más virginidad, más plenitud de Dios y más capacidad de amar. María es *plena de gracia* porque es plenamente virgen. De modo que la virginidad es, además de libertad, plenitud.

María es una profunda soledad —virginidad— poblada completamente por su Señor Dios. Dios la colma y la calma. El Señor habita en ella plenamente. Dios la puebla completamente. Esa figura humana que aparece en los evangelios, tan plena de madurez y paz, atenta y servicial para con los demás, es el fruto de una virginidad vivida a la perfección.

Una escena íntima

La escena de la anunciación (Lc 1,26-38) constituye un relato de oro. La intimidad impregna, como rocío, las personas y los movimientos. De la misma manera que al principio del mundo el espíritu de Dios aleteaba sobre la informe masa cósmica (Gén 1,2), así en esta escena la presencia de Dios palpita, como si presintiéramos la inminencia de un acontecimiento decisivo para la historia del mundo.

Gechter manifiesta que en la escena de la anunciación se respira un inimitable y atrayente aroma de intimidad.

Para poder captar el «aliento» de la escena, es preciso detener el aliento y tomar una actitud contemplativa, en atenta quietud. William Ramsay dice que el relato pierde su encanto cuando es recitado en voz alta:

> «Parece ser una de esas narraciones que pierden su encanto cuando son recitadas en público.»

Tenemos la impresión de que la escena está presidida por el ángel. María está en silencio. Como de costumbre, la sentimos en un lejano segundo plano, allá en el rincón de la escena. La joven observa, reflexiona y calla.

No es un silencio patético. Es la actitud simple de la «esclava que está mirando a las manos de su dueña» (Sal 122), atenta y obediente. El ángel habla todo. María sólo una pregunta y una declaración.

Unas palabras resplandecientes brillaron como espadas (Lc 1,28). Nunca en el mundo una persona había oído semejante salutación. ¿Qué fue? ¿Una visión óptica?

¿Una presencia interior? ¿Alocución fonética, quizá silenciosa? Fuera lo que fuese, la joven fue declarada por el cielo como Privilegiada, Encantadora, Amada más que todas las mujeres de la tierra.

María «se turbó» (Lc 1,29).

¿Qué significa esa turbación? ¿Quedó la Madre emocionalmente quebrada? ¿Se asustó ante la visión, la alocución o lo que fuese? ¿Fue presa de los nervios por el conjunto ambiental, por el tratamiento solemne que se le dio?

Fue mucho más profundo que todo eso. Cuando una persona sufre una turbación, su mente queda ofuscada, se siente incapaz de coordinar ideas. Y en cambio Lucas constata que la Madre, turbada y todo, se puso tranquilamente a pensar cuál sería el significado de aquellas palabras.

¿En qué consistió, entonces, la turbación de María? Los vocablos equivalentes a turbación serían *perplejidad, confusión*. La situación interior de María era como la de aquella persona que se siente ruborizada por un tratamiento del que se siente indigna, al medir la desproporción entre el concepto que tenía María de sí misma (Lc 1,48) y la majestad de las altísimas expresiones con las que se la calificaba.

Una vez más, desde esta escena emerge una criatura llena de humildad, raíz última de su grandeza.

Las expresiones, aparentemente imperativas, del ángel, se prestan a equívocos. Se le dice «concebirás», «le pondrás por nombre», etc. Sin embargo, en su contexto no era imposición sino proposición; es decir, un encargo que, para su realización, necesitaba del consentimiento de María.

Una vez que María da el consentimiento, se somete a una silenciosa pasividad. Y en una actitud de abandono se somete al proceso del misterio. El Espíritu Santo ocupa, como una sombra, su persona. «En» ella se opera el misterio total: el fruto germina «en» ella, crece «en» ella, se desprende de ella —nacimiento—, se le pone el nombre que se le había señalado. Todo es silencio.

Aparentemente, todo es pasividad. En realidad, es fidelidad. María «es» la afirmación incondicional y universal de la voluntad del Padre. Como sierva, ella no tiene voluntad ni derechos; los tiene su Señor. A él le corresponde tomar las iniciativas. Y a ella, ejecutarlas, con fidelidad, simplemente y sin dramatismos.

Esta pasividad se presta también a equívocos. Es la pasividad bíblica, revolucionaria y transformante. La savia, si quiere transformarse en un esbelto árbol, tiene que someterse a la pasividad.

Si queremos que un pedazo de pan se transforme en vida, una vida inmortal, tendrá que someterse a la pasividad y permitir ser atacado —y hasta destruido— por los dientes, y por la saliva, y por los jugos gástricos, y por los intestinos, y por el hígalo... hasta que un puñado de aminoácidos se transforme en mi vida, una vida inmortal.

Nunca se comprenderá suficientemente que es mucho más fácil conquistar que ser conquistado. Nunca se comprenderá suficientemente que el «heme aquí» de todos los hombres y mujeres de Dios en la Biblia, es el secreto final de toda grandeza espiritual y humana y de toda fecundidad.

Cuando el ángel se retiró (Lc 1,38) se hizo un gran silencio. ¿Qué sintió María en ese momento? ¿Quedó deslumbrada? ¿Quizá abatida bajo el peso de aquel misterio? En todo aquel conjunto de aparición, ángel, palabras, encargos... en la cima de la apoteosis, ¿qué sintió María? ¿Vértigo? ¿Susto? ¿Sorpresa? ¿Alegría?

Si tenemos presente el comportamiento normal de María y su espiritualidad de *pobre de Dios,* podemos deducir la reacción que habría tenido María ante aquel resplandor: «aquí estoy»; «¿qué queréis de mí?»; «¡de acuerdo, Padre mío!»

Pero, a pesar de esta humilde disposición, el ángel vio que depositaba un peso casi insoportable sobre los hombros de aquella muchacha. Aunque inmaculada y privilegiada, no dejaba de ser una criatura, sometida como nosotros a reacciones psicológicas como las del temor, confusión...

En la medida en que fueran transcurriendo los días y fuera esfumándose la frescura de las impresiones y comenzaran a sentirse los primeros síntomas del embarazo, la joven gestante podría sentirse un día, en medio de una completa soledad y silencio, como víctima de una alucinación, y podría desmoronarse su entereza ante los embates del desconcierto y encontrarse navegando entre luces pasadas y sombras presentes.

Si llegaba a darse esa situación, ¿adónde podría agarrarse la pobre criatura? El ángel le ofreció un hecho paralelo con el que podría confrontar su propio caso.

Mira a tu pariente Isabel, le dijo el ángel. Era estéril. Ahora, sin embargo, ya está grávida en su sexto mes, todos dicen «floreció la estéril», porque para Dios nada hay imposible. Tú misma puedes verificar si todo eso es verdad. Y esa verificación servirá para prueba de que todo lo que acabo de anunciarte es y será realidad.

¿Fue eso? ¿Un asidero para no naufragar en el mar de la soledad? ¿Un «signo» para asegurar su fe? Así parece ser por el contexto de la anunciación. Fue una delicadeza «humanitaria». A pesar de la fortaleza espiritual de María, siempre existe un margen de fragilidad psicológica para los seres humanos. Y Dios ¡es tan comprensivo!...

Pero, a partir de lo que sabemos de María a lo largo de su vida, yo diría que la envergadura de la fe de María era tal que la Madre no necesitaba ni apoyos ni comprobaciones. Bastaba que se le hubiera dicho «para Dios nada es imposible» (Lc 1,37). La *pobre de Dios* no pregunta, no cuestiona, no duda, no se queja. Se entrega. Sobran explicaciones y comprobaciones.

2. El drama de un silencio

El secreto mejor guardado

Impresiona el silencio de María después de la anunciación. El hecho de ser la Madre del Mesías y el hecho de serlo de una manera prodigiosa, eran para dejar desequilibrada emocionalmente a cualquier persona.

Es difícil sobrellevar, en soledad y silencio, tan enorme peso psicológico. Si la joven María guarda ese secreto en completo silencio, estamos ante un caso único de grandeza humana cuyas circunstancias vale la pena analizar cuidadosamente.

María no contó a nadie el secreto de la encarnación virginal.

No se lo contó a José (Mt 1,19).

No se lo contó a Isabel. Para cuando María se hizo presente en Ain Karim, en casa de Zacarías, Isabel ya estaba en poder del secreto fundamental. Apenas María abrió la boca para decir ¡shalom!, Isabel prorrumpió en exclamaciones y parabienes.

Los nazaretanos nunca supieron cuándo fue concebido Jesús. Si lo hubieran sabido, la vida entera sería poco para echárselo en cara y los ecos de la maledicencia jamás se habrían apagado. Y el gran perjudicado habría sido el Hijo, más que la Madre.

Cuando Jesús se presenta en la sinagoga de Nazaret, declarándose como el Mesías esperado, los nazaretanos «se irritaron contra él» (Mc 6,3). Y Lucas dice que lo persiguieron, como se persigue a un perro, con piedras en la mano, acorralándolo hacia un despeñadero, para precipitarlo desde allí y matarlo (Lc 4,28-30). Y Mateo añade que, en esa misma oportunidad, los nazaretanos decían contra Jesús todo cuanto sabían de negativo para rebajarlo: que no era ni más ni menos que ellos, que era simplemente hijo de un carpintero y carpintero él mismo, que su madre era una pobre aldeana, que no tenía estudios y era ignorante en las Escrituras; en fin, que aquí nos conocemos todos... (Mt 13,53-58).

Con esto, aquellas pobres gentes descargaban todo cuanto sabían en su contra para disminuir la categoría de Jesús. No sabían más. Pues bien: si los nazaretanos hubiesen tenido la más vaga idea de que Jesús no era, propiamente, hijo de José, con qué gusto le habrían echado en cara en esta ocasión el vocablo más hiriente del «argot» popular: *hijo de una violada* («harufá»).

Por el contexto evangélico se deduce, pues, que María no comunicó a nadie el secreto sagrado.

Los personajes que, como Simeón y Ana, estuvieron iluminados por el Espíritu Santo y señalaron proféticamente el destino de Jesús y de María, no tenían ninguna información, según se deduce del contexto sobre la concepción virginal. Por otra parte, Jesús aparece siempre en los evangelios ante la opinión pública como hijo de un matrimonio normal.

Todo está, pues, indicando que el secreto no salió de boca de María. La Madre se hundió con su propio secreto en el silencio del corazón. Se desligó de la opinión pública, se despreocupó del «que dirán», se abandonó a la voluntad del Padre y quedó en paz.

Fortaleza en la intimidad

En las circunstancias en las que se encuentra con la anunciación, cualquier mujer se hubiera dejado llevar por un arrebato emocional.

Millones de mujeres en Israel, desde Abraham —sobre todo desde los días de la realeza— hasta María, habían alimentado un sueño dorado: ser madre del Mesías.

Más aún: se respiraba en Israel una especie de leyenda popular, según la cual toda mujer que daba a luz entraba a participar indirectamente de la gloria del futuro Mesías. Es decir, cualquier madre de Israel compartía, aun cuando fuese a la distancia de siglos, la maternidad del Mesías.

Como consecuencia de este mito popular había surgido en Israel una desestimación completa por la virginidad y gran temor por la esterilidad, porque ambas impedían a las mujeres entrar en la gloria mesiánica. La mayor frustración para una mujer era quedar soltera, y la mayor humillación la esterilidad. La vergüenza de tantas estériles en la Biblia (Sara, Ana, Isabel...), las lágrimas de la hija de Jefté «llorando su virginidad en las montañas de Israel» (Jue 11,38) son un eco de aquella leyenda popular.

Pues bien, en este momento se le anuncia a María que aquel sueño fantástico alimentado por tantas mujeres de Israel iba a realizarse precisamente en ella. Y que, además, se iba a consumar de una manera prodigiosa, con una intervención excepcional del mismo Dios. María, mujer reflexiva e informada, tomó conciencia del alcance de lo que se le comunicaba.

Una mujer, si no tiene una madurez excepcional, normalmente se siente incapaz de controlar tan sensacionales noticias, la traicionaron los nervios, se quiebra por la emoción, se desahoga, llora, cuenta, se derrama. Si María es capaz de quedar en silencio, sin comunicar nada a nadie, cargando por completo el peso de tan enorme secreto, significa que estamos ante una *real señora de sí misma.*

Ahora bien: ¿cuál podría ser, fuera de la Gracia, la explicación psicológica de esta fortaleza interior de la Madre?

En primer lugar, María era una mujer contemplativa, y todo contemplador posee una gran madurez. El contemplador es un ser salido de sí mismo. Un contemplador es exactamente un alma admirada, emocionada y agradecida. Tiene una gran capacidad de asombro (1).

El contemplador es una persona seducida y arrebatada por Alguien. Por eso, el que contempla nunca está «consigo», siempre está *en éxodo,* en estado de salida, vuelto hacia el Otro. En el contemplador vive siempre un Tú, un Otro.

Ahora bien: en psiquatría, la capacidad de asombrarse y el narcisismo están en proporción inversa. Si el contemplador está siempre salido *hacia* el Otro, sin

_____

(1) Puede consultarse, al respecto, en mi libro *Muéstrame tu rostro,* todo el capítulo «Vida contemplativa».

ninguna referencia a sí mismo, no tiene ninguna dosis de narcisismo. En el ser que no tiene ningún grado de narcisismo, no hay infantilismo —infantilismo y narcisismo se identifican—, tiene plena madurez, sus reacciones están marcadas por la objetividad y la sabiduría. Ni se exaltará por los triunfos ni se deprimirá por los reveses. No será dominado sino que será señor de sí mismo.

María, por ser una auténtica contempladora, tiene esa fortaleza interior. Basta analizar el *Magníficat*. Toda *María* es un arpa vibrante, dirigida al Señor. En este himno, la Madre no tiene ningún punto de referencia a sí misma. Sólo incidentalmente se acuerda de sí misma, y esa vez para declarar que ella es «poca cosa».

El canto de María está en la misma línea, asombrada y contemplativa, del salmo 8: Señor, nuestro Dios, ¡qué admirable es tu Nombre en toda la tierra! Y también en las mismas armónicas de Pablo: «¡Oh profundidad de la riqueza, de la sabiduría y de la ciencia de Dios! ¡Qué insondables son tus pensamientos, qué indescifrables tus caminos!» El *Magníficat* se resume en esto: «Isabel, ¡qué Magnífico es nuestro Dios!»

A una mujer asombrada, como María, no le importan ni le mueven «sus» cosas, sino las de su Dios. Vive desligada de sus intereses. Su mundo interior no puede ser tocado ni sacudido por las noticias referentes a ella. Está más allá y por encima de las fluctuaciones emocionales.

No le deprimen las adversidades, no se exalta por las buenas noticias. De ahí la inconmovible estabilidad anímica de María.

Se cierra el cerco

Para llegar al conocimiento de la persona y vida de la Madre, es necesario situarnos en el ambiente cultural y religioso en el que María vivió, tener presente las costumbres de la Palestina de aquellos tiempos. Lo que hoy llamamos Palestina, nombre que por primera vez aparece en Herodoto, abarcaba entonces Judea, Samaría y Galilea, es decir, todo Israel. Como los evangelios nos hablan tan poco de María, su perspectiva histórica está llena de lagunas.

Para cubrir esos vacíos vamos a adoptar una regla de oro: lo que es común y normal en su tiempo y en su pueblo, es también **común y normal para María.**

Hasta los doce años y un día, María era considerada, igual que las demás, una *niña.* A los doce años y un día, María fue declarada *gedulah,* que quiere decir mayor de edad, núbil. A esta edad, toda mujer era considerada apta para el matrimonio. La ley suponía que ya había adquirido madurez física y psíquica. Muy pronto, después de cumplir los doce años, según las costumbres de aquellos tiempos, el padre de familia entregaba a su hija «en esponsales» (2).

Dice Lucas que Dios envió al ángel Gabriel a una virgen «desposada con un hombre llamado José» (Lc 1,26).

María estaba, pues, *desposada* y no casada. Con la

---

(2) En cuanto a las costumbres, significado de los esponsales..., nos remitimos a los sólidos estudios del exégeta alemán GECHTER, en *María en el Evangelio,* 123-195.

ceremonia de los «esponsales», la muchacha quedaba prometida, incluso comprometida, pero no casada. Diríamos hoy, quedaba de novia. Entre los *esponsales* y el casamiento propiamente tal, que se llamaba *conducción,* había un intervalo de unos 12 meses. Se llamaba conducción, porque la novia era *conducida* solemnemente a la casa del novio.

Durante estos meses María, como las demás *prometidas,* quedó en la casa de su padre. Este determinaba y preparaba el ajuar, la dote de la novia, la fecha del casamiento y también el dinero que el novio debía aportar para el matrimonio. Ejercía sobre la *desposada* la plena *potestas paterna.*

Sin embargo, aunque los *desposados* no cohabitaban hasta el día de la *conducción,* los *esponsales* originaban en ellos lo que llamaríamos un verdadero vínculo jurídico, que en cierto sentido equivalía al matrimonio, de tal manera que la ley consideraba al novio *baealuh,* «señor» de la prometida.

Durante los meses de *esponsales,* la prometida guardaba cuidadosa virginidad. Incluso, según las costumbres de Galilea —es información de Flavio Josefo—, durante estos meses los novios no podían estar solos. En el día de la *conducción* se designaban dos mujeres para examinar si la novia estaba íntegra. Si se comprobaba que había perdido la virginidad, caía sobre ella la maledicencia, llamándosela *harufá,* ruda expresión, que significaba «la violada».

Si en tiempo de los *esponsales* la muchacha ejercía comercio sexual con otro varón diferente del novio, era considerada adúltera para todos los efectos, y el novio

131

—al que, jurídicamente, se le consideraba «señor»— podía darle, y normalmente le daba, acta de divorcio. Según el *Levítico,* podía ser lapidada en la plaza pública. Y, según la información de Flavio Josefo, en caso de que la tal muchacha fuese hija de un levita, podía ser quemada viva.

Es preciso colocarse en este contexto de costumbres para apreciar, en toda su dimensión, el valor del silencio de María, al quedar grávida en la época prematrimonial.

El cerco estaba cerrado.

Colgada sobre un abismo

Fue en este tiempo de *desposada* cuando se le comunicó a María que iba a concebir del Espíritu Santo. Y antes de cohabitar con José se encontró en estado de gravidez. Con esto María quedaba colgada sobre un abismo.

> «De este misterio sobrenatural, se le derivaban situaciones delicadísimas. Siendo solamente prometida, se realizaba la concepción en un período que, según la opinión de los verdaderos israelitas, excluye toda relación matrimonial» (3).

Aquí comenzaba el drama del silencio de María. En la medida en que fueran pasando los meses, las consecuencias visibles de la Encarnación irían haciéndose cada vez más evidentes. Y habrían de dar fundamentos para rumorear que María había dado un paso deshonroso, incluso adúltero. Podía ser lapidada en la plaza pública,

---

(3) P. Gechter, *o. c.,* 155.

según la ley y las costumbres. Humanamente estaba perdida.

¿Qué hacer? ¿Explicar lo sucedido a algunos familiares, para que éstos transmitieran la noticia a la opinión pública? Nadie daría crédito. Además, la explicación resultaba tan absurda como infantil; todos ridiculizarían a María, y el rumor maligno se extendería rápidamente como el fuego. Y lo peor, los ecos de la maledicencia habrían de recaer un día sobre el Hijo.

¿Qué hacer?

Cuando una persona vive intensamente la presencia de Dios, cuando un alma experimenta inequívoca y vitalmente que Dios es el Tesoro infinito, Padre queridísimo, Todo Bien y Sumo Bien, que Dios es Dulcedumbre, Paciencia, Fortaleza..., el ser humano puede experimentar tal vitalidad y tal plenitud, tal alegría y tal júbilo, que en ese momento todo en la tierra, fuera de Dios, parece insignificante. Después de saborear el amor del Padre se siente que en su comparación nada vale, nada importa, todo es secundario. ¿El prestigio? Humo y ceniza.

Dios es una maravilla tan grande, que el hombre que lo experimenta se siente totalmente libre. El «yo» es asumido por el Tú, desaparece el temor, todo es seguridad y uno se siente invulnerable aunque se coloque al frente un ejército entero (Sal 26). Ni la vida ni la muerte, ni la persecución, ni la enfermedad, ni la calumnia, ni la mentira, nada me hará temblar, si mi Padre está conmigo (Rom 8,38).

Eso mismo debió suceder a María.

Por esos meses, María debió experimentar, con una intensidad insuperable, que el Señor Dios es dulzura y ternura, misericordia y amor, que el Padre es una esmeralda brillantísima, plenitud, algo tan inefable que las palabras jamás expresarán, la mente jamás concebirá y el corazón nunca soñará... Que todo lo demás, en su comparación, ni valía ni importaba nada.

María sintió una sensación inmensa de libertad, segura y hasta invulnerable ante cualquier adversidad, pudiendo decir con el salmista: «Bendito sea el Señor, que hizo por mí maravillas de amor, en una ciudad impenetrable» (Sal 30).

«El Señor está conmigo, no tengo miedo. ¿Qué mal podría hacerme el hombre?» (Sal 117).

Como si dijera: Dios es mi tesoro y mi único bien, pueden hacer de mí lo que quieran. ¿Maledicencia?, ¿piedras?, ¿llamas?, ¿marginación?, ¿libelo de repudio? Nada tiene importancia. Sólo mi Dios vale. Sólo el Señor es importante. Lo demás es tierra y polvo.

Y la Madre quedó en silencio. Se sentía inmensamente libre.

El varón justo

Comprendemos y admiramos que María guardara silenciosamente su secreto. Pero ¿por qué no se lo contó a José? El hecho de concebir del Espíritu Santo y sus consecuencias interesaban directamente a José. A partir de los *esponsales,* José era «su señor»; en conceptos jurídicos María pertenecía a José. ¿Por qué no se lo dijo? Ciertamente esto resulta extraño.

Los hechos sucedieron así: un buen día llegó a oídos de José, no sabemos cómo, la noticia, quizá la sospecha, de que María estaba grávida. José, no queriendo armar un escándalo público en contra de María, decidió extenderle secretamente el acta de divorcio. Cuando comenzaba a hacer los trámites para este expediente (Mt 1,18-25), Dios descorrió el velo del misterio.

En el trasfondo de estos hechos se vislumbran, semivelados, algunos aspectos que ennoblecen a María y también a José.

Para ponderar la reacción de José y su comportamiento en esta escena, tenemos que tener presentes ciertos elementos de la psicología común. Ante la opinión pública, una de las mayores humillaciones para un esposo en la vida social es el hecho o el rumor de que su esposa le es infiel. En tal circunstancia, la reacción normal del varón acostumbra a ser siempre violenta. En seguida brillan las pistolas y dagas. Es, dicen, la manera de limpiar el honor.

Si esto ha sido siempre así, podemos imaginar qué sería en la sociedad patriarcal en la que vivía José. Basta abrir el *Levítico*. Ya sabemos lo que les esperaba a las adúlteras: divorcio automático, gran escándalo y una lluvia de piedras.

¿Por qué José no reaccionó así? En el fondo de este hecho se vislumbran deducciones muy interesantes. En el contexto de Mateo sentimos a José como perplejo, como no queriendo creer en lo que le dicen o en lo que está viendo. Eso nos permite deducir la siguiente situación.

Pienso que el hecho de ser María inmaculada y llena de gracia, debió reflejarse en su semblante, sobre todo en sus reacciones y comportamiento general. María debió tener, desde pequeña, *un no sé qué* todo especial. Aquella joven evocaría un algo divino, envolviéndose su figura y personalidad en un aura misteriosa, al menos para un observador sensible.

A partir de la reacción de José podemos seguir presuponiendo que, antes de los acontecimientos que estamos analizando, éste debió sentir por María algo así como admiración, quizá veneración. Mateo presenta a José como «justo», es decir, *sensible para las cosas de Dios*. José, pues, con esa sensibilidad debió ver en María algo más y otra cosa que una muchacha atractiva; debió apreciar en ella un algo especial, algo diferente, un misterio.

Así nos explicamos la reacción de José. Parece que no se puede creer: confronta la «noticia» con la idea que él tiene de ella, queda perplejo y parece decir: no puede ser. Era imposible que aquella criatura angelical, que él conocía perfectamente, tuviera semejante traspié. Pero, por otra parte, las evidencias estaban a la vista. ¿Qué sería? ¿Qué hacer?

Debió ser tan alta su estima por María, que decidió no dar rienda suelta a la típica violencia del varón burlado, sino sufrir en silencio él mismo toda aquella situación, eventualmente ausentándose de Nazaret con tal que María no fuera maltratada por la opinión pública.

Todo esto está significando cuán grande debió ser la veneración que José sentía por María y cuán «venerable» debió ser María desde pequeña. Al mismo tiempo, esta reacción nos da de un golpe un retrato integral de José: sensible a las cosas de Dios, preocupado más de los demás que de sí mismo, capaz de comprender y perdonar, capaz de tener control de sí mismo para no dejarse llevar por una decisión precipitada, capaz de esperar y de sufrir él mismo, en lugar de que sufran los demás, capaz de amar oblativamente.

Sigilo reverente

A pesar de lo dicho sigue en pie la pregunta: ¿por qué María no comunicó a José una noticia que le concernía directamente?

María tenía que entender obviamente que, tarde o temprano, José tenía que enterarse y que, cuanto más tarde, era peor para ella. ¿Por qué se calló? ¿Pensó María que José no sería capaz de comprender tan alto misterio —en realidad nadie sería capaz— y que sería mejor quedar en silencio? ¿Calculó María que José no habría de creer en la explicación objetiva del hecho? El caso de verdad era tan inaudito que a cualquiera se le ocurriría pensar que María, con su explicación, estaba dando una excusa infantil para ocultar un mal paso. ¿Sería eso? ¿Un silencio calculado?

No fue táctica. Según lo que yo intuyo se trató de un sigilo reverente ante la presencia de un enorme misterio. Por aquí anda la explicación definitiva de ese desconcertante silencio. María quedó abismada y profundamente conmovida por el misterio de la Encarnación.

Como sabemos, ella era una joven inteligente y reflexiva. Midió exactamente la importancia y trascendencia del doble prodigio: Madre de Dios y maternidad virginal. Y ella, que era tan humilde y se tenía por tan «poca cosa» (Lc 1,48), se sintió fuertemente sensibilizada, entre emocionada, agradecida y confundida, considerándose indigna de todo aquello. Y tomó conciencia de que el mejor homenaje, la mejor manera de agradecer y ser fiel a tanta gratitud, era reverenciar todo aquel misterio con un silencio total.

Era tan único y sagrado todo aquello, que le pareció una profanación el comunicarlo a un ser humano, aunque se tratara del mismísimo José.

Y así, con tal de no revelar el secreto más sagrado de la historia y, con su silencio, ser fiel a Dios, María estaba dispuesta a sufrir cualquier consecuencia: la maledicencia popular, y el acta de divorcio, y las piedras, y las llamas, y la marginación social, y la soledad humana. Cualquier cosa.

Total, todo lo de Dios era tan grande y lo humano era tan pequeño... ¡Dios era de tal manera Premio-Herencia-Regalo-Riqueza! Y ella había sido tratada con tanta predilección que todo lo demás no valía nada.

Y la Madre quedó en silencio, despreocupada, tranquila. ¡Dios es grande!

Y el Señor, emocionado por la fidelidad silenciosa de su Hija, vino en su auxilio.

Con una intervención fuera de serie, Dios la había metido en un callejón sin salida. El único que podría sacarla de aquel atolladero era el mismo Dios con otra intervención extraordinaria. Y así lo hizo.

Una revelación interior, inequívocamente sentida, le habló a José: José, deja a un lado esos temores. María no es una mujer cualquiera de la calle. Es la Elegida entre las mujeres de todos los tiempos. El Señor puso sus ojos sobre ella y la halló encantadora. María no ha dado ningún traspié. Lo que ha germinado en ella es actuación directa y excepcional del Espíritu Santo. José, llévatela tranquilamente a tu casa y guárdala como un santuario vivo de Dios (Mt 1,20-24).

Debió ser infinita la delicadeza con la que José se aproximó a María desde ese momento. Si, por el contexto del capítulo primero de Mateo, vislumbramos que José había barruntado en María algo diferente, con esta revelación debió quedar confirmado en aquello mismo que presentía.

A partir de entonces debió ser total el respeto de José para con María. Un hombre sensible para las cosas de Dios como él, debió tratar a María con una actitud hecha de reverencia, cariño y admiración. En un hombre fuertemente «tocado» por Dios, quedaban trascendidos y sublimados los lazos afectivos meramente humanos y María fue para José, desde entonces, más que una muchacha atractiva: fue un reverente santuario del Dios vivo.

Según la opinión de muchos —personalmente, me parece una explicación muy aceptable— debió ser a partir de este tiempo cuando María y José decidieron llevar vida virginal en estado matrimonial.

Entre los dos cuidarían y protegerían a Jesús, fruto directo de Dios, germinado en las entrañas solitarias de la santa Madre. Dios había escogido aquella casa, aquel matrimonio como morada especialísima, más santa que el arca de la Antigua Alianza. Valía la pena de superar las leyes de la carne y vivir en estado de adoración.

Interesante es la reacción de José después de esta revelación. Por el versículo 24 (Mt 1,24) tenemos la impresión de que José tomó de inmediato la iniciativa, hizo que se preparara rápidamente todo lo referente a la *conducción* y, en ceremonia solemne, la recibió por esposa.

3. Prodigio en el seno del silencio

Amistad y comunión

Cuando se da la verdadera vida con Dios, a la fase de la inmersión en su intimidad corresponde y le sucede la fase de la donación entre los hombres. Cuanto más intenso haya sido el encuentro con el Padre, tanto más extensa será la apertura entre los hombres.

El trato con Dios que no lleve a la comunión con los hombres es una simple evasión en la que, sutilmente, la persona se busca a sí misma. Tiene que haber un perpetuo cuestionamiento entre la vida con Dios y la vida con los hombres, que deben combinarse integradamente condicionándose mutuamente, sin dicotomías.

María había vivido en vertical una intimidad con Dios sin precedentes. Esta intimidad va a abrirla a una comunión también sin precedentes hacia los hermanos, representados en este caso en Isabel. Dios es así. El verdadero Dios es aquel que nunca deja en paz, pero siempre deja la paz. El Señor siempre desinstala y conduce a sus amigos al compromiso con sus semejantes.

La Madre, después de haber vivido las grandes emociones de la anunciación, no quedó ahí saboreando el banquete. Al contrario, aquellas energías nacidas de su contacto con el Señor, le dan alas para volar «cruzando las montañas de Judea» (Lc 1,39) a la casa de Isabel.

Dios mismo las había unido. El Señor había revelado a Isabel lo que aconteció a María, al menos la información sustancial. Y el mismo Señor reveló a María lo que había acontecido en Isabel (Lc 1,36).

Ambas se sentían emocionadas y agradecidas por haber sido, en diferentes grados, objeto de predilección de parte del Altísimo.

Posiblemente también Isabel se sintió impresionada por la actuación prodigiosa del Todopoderoso, que intervenía de modo excepcional en la naturaleza y en la historia, a través de ella, Isabel. Y seguramente se escondió en su casa durante los primeros meses, en silencio e interioridad, para vivir intensamente tanta gratuidad del Señor.

Sus propias palabras reflejan esta impresión cuando Lucas dice: «Durante cinco meses permaneció [Isabel] retirada, pensando: "Esto es una manifestación de la misericordia del Señor para conmigo"» (Lc 1,25).

Al parecer, María preparó el viaje con alguna urgencia, y el viaje mismo se realizó con cierta prisa. ¿Por qué esa urgencia? ¿Para verificar la gravidez de Isabel y así, paralelamente, ella misma sentirse confirmada en la veracidad de la anunciación? ¿Para desahogarse hablando sobre aquel gran secreto? ¿Quizá para tener una defensora, como sospecha Gechter, en caso de que fuera acusada de adulterio?

Sea como fuere, las palabras de Lucas: «por esos días, María partió apresuradamente» (Lc 1,39) están indicando que el viaje de María se efectuó en los días que siguieron a la anunciación, de tal manera que debió ser breve el tiempo que medió entre la anunciación y la visitación.

Sin embargo, sería ingenuo pensar que María se levantó al instante y viajó a la región montañosa de Judea. La joven necesitaba del consentimiento de su padre, bajo cuya tutela se encontraba todavía. Precisaba también de la autorización de José, su «señor» (*baealah*) desde los *esponsales*.

¿Cómo consiguió ambas autorizaciones? Era una situación delicada la suya. ¿Cómo no descubrir la verdadera razón del viaje, evitando transparentar el misterio de la Encarnación virginal y al mismo tiempo dar una explicación convincente? ¿Con reservas mentales? No olvidemos que, aun siendo la Madre muy joven, su espiritualidad había dejado en ella un sedimento de madurez, equilibrio y sabiduría.

Nos imaginamos que habría ideado, con una combinación de veracidad y sabiduría, la explicación satisfactoria para conseguir la autorización para el viaje. Todo lo cual está indicando hasta qué punto estuvo metida en los mismos problemas y apuros en los que nos vemos metidos también nosotros, los pobres mortales.

María no podía viajar sola. Tenía que conseguirse una comitiva o integrarse en una caravana. Tuvo que atravesar Galilea, Samaría y parte de Judea. En su paso por Samaría, en el último tramo del camino occidental que baja de Jericó a Jerusalén, sucedió la escena que queda descrita en la parábola del buen samaritano (Lc 10,30-37).

El hecho de viajar «con presteza», según Gechter, no hace referencia a un cierto nerviosismo o estado anímico, para compartir el secreto o cerciorarse de la información del ángel, sino al hecho de que el viaje debió hacerse sin paradas y sin entrar en Jerusalén.

La tradición sitúa la casa de Zacarías en un lugar llamado Ain Karim, a seis kilómetros al oeste de Jerusalén. Llegó, pues, allá y saludó a Isabel (Lc 1,40). ¡Extraño! Entra en casa de Zacarías y saluda a Isabel. Entre los judíos el varón tenía toda la importancia y responsabilidad, y mucho más si se trataba de un sacerdote como en el caso presente. Contra todo protocolo social, aquí, en medio, estaba el Espíritu Santo, quien sacudió a Isabel para hacerle decir palabras proféticas (Lc 1,41-43). Fue Dios mismo quien habló por boca de Isabel.

Isabel era una matrona entrada en años, «de avanzada edad» (Lc 1,7). El contexto de Lucas hace suponer que se le había pasado hacía tiempo la edad normal de tener hijos.

«A Isabel debemos considerarla de lleno en los 60 años. Si María era la primogénita, su madre (la de María) tendría, dentro de los cálculos normales, unos 28 años; algunos más, si María tenía hermanos mayores» (4).

Era, pues, imposible que Isabel fuese prima de María como se suele decir. María tendría, en este momento,

_____

(4) GECHTER, o. c., 202.

144

entre 12 y 15 años. De modo que Isabel sería tía para María, y posiblemente tía abuela. Pero eso no tiene importancia.

Es realmente extraño que dos mujeres tan distantes en la edad estuvieran tan próximas en sus corazones. Había algo que comunicaba a ambas por encima de las distancias y edades. ¿Cómo llegaron a semejante intimidad? ¿Por el parentesco? No siempre se da entre las parientes tal comunicación.

¿Cómo explicarnos? Podríamos adelantar unas hipótesis. En la primera suposición, así como Juan (el bautista) y Jesús habían de estar unidos en sus destinos y en sus vidas, el Espíritu Santo hizo que sus madres estuvieran también unidas en una comunión especial. Lo cual, por otra parte, denotaría que ambas madres tuvieron una decisiva influencia en la formación y espiritualidad de sus correspondientes hijos.

Hay otra suposición. Isabel aparece en el evangelio como una mujer de gran sensibilidad interior, de esa clase de mujeres que poseen una penetrante intuición para detectar con exactitud las vibraciones espirituales dondequiera que estén. Y María debió tener un aura especial desde pequeña.

Ahora bien, es probable que desde que María era una niña, Isabel detectara en ella un alma privilegiada por la profundidad y precocidad de su vida espiritual, y quizá vislumbrara en ella, aunque entre penumbras, un alto destino y, de todas formas, una riqueza interior excepcional.

En esta suposición, hubo anteriormente entre ambas un intercambio de intimidades, de sus experiencias personales en las «cosas» de Dios, a pesar de la diferencia de edad.

María se quedó con Isabel cerca de tres meses (Lc 1,56). ¿De qué hablaron durante estos tres meses? ¿Cuál fue el fondo y la materia central de sus conversaciones?

Hablaron de la consolación de Israel, de las promesas hechas a nuestros padres, de la misericordia derramada de generación en generación, desde Abraham hasta nuestros días, de la exaltación de los pobres y de la caída de los poderosos.

Pero más que hablar de los pobres, de los profetas y de los elegidos, hablaron sobre todo del Señor mismo, de Yavé Dios. Cuando alguien se siente intensamente amado por el Padre, no acierta a hablar más que de El. La Madre, al recordar cómo ella fue centro de todos los privilegios, sentiría una conmoción única al hablar de su Dios y su Padre.

Dios, Dios mismo, fue el fondo y el objeto de sus emociones, de sus expansiones y de sus expresiones durante estos tres meses en Ain Karim.

Todos los exégetas están de acuerdo en que, de los dos primeros capítulos, emerge una figura femenina de perfiles muy específicos: delicada, concentrada y silenciosa.

Por eso mismo, Harnack encontraba «sorprendente» que María rompiera su habitual silencio e intimidad con un canto exaltado. A eso responde Gechter, con una explicación psicológica muy plausible:

>   «Su profunda piedad se vio arrollada por la grandeza de lo que Dios había hecho en ella.
>   No podía pedirse más para que el silencioso ca-

rácter de la Virgen se volcase hacia fuera, en un
ímpetu jubiloso de palabras.
Siendo ésta una ocasión excepcional, nada hay
que esté en contradicción con su habitual recato
y modestia» (5).

Naturalmente no fue tan sólo una efusión espiritual,
una comunicación fraterna. Fue más que eso. Hubo también solicitud y ayuda.

Si el ángel dice a María que Isabel está en su sexto
mes, y al poco de esta notificación va la Madre a la casa
de Isabel y el Evangelio agrega que «María se quedó
cerca de tres meses con Isabel» (Lc 1,56), podemos deducir, con toda naturalidad, que quedó en Ain Karim
hasta después del parto de Isabel.

De aquí emerge María como una joven delicada con
gran sentido de la servicialidad fraterna. Es fácil imaginar la situación. Isabel está en estado de alta gravidez,
con eventuales complicaciones biológicas debido a su
edad avanzada; quedaba medio inútil para los trabajos
domésticos. Zacarías estaba mudo, «herido» psicológicamente. Seguramente vivían ellos dos solos. La Madre
fue, para ellos, una bendición llovida del cielo.

Podemos imaginar a María, tal como siempre aparece,
atenta y servicial; podemos imaginarla en las tareas domésticas cotidianas: comida, limpieza, lavado, tejiendo
ropa, preparando todo aquello que se necesita para un
bebé, ayudando a Isabel en las delicadas tareas prenatales, haciendo un poco de enfermera y un poco de matrona —hay tareas que son privativas del mundo femenino—, consolando a Zacarías con la misericordia del Padre, preocupada en todo momento de los mil detalles
domésticos...

Fue la delicadeza misma hecha persona.

---

(5) GECHTER, o. c., 217.

Por qué se casó María

Hace unas décadas despertó Paul Gechter una violenta polémica con su interpretación exegética de Lucas 1,34. Este autor opinaba que María, con sus palabras «no conozco varón», no aludía al voto de virginidad, sino que se refería a su situación jurídica presente.

Era como si dijera: ángel Gabriel, ¿cómo podría yo quedar ahora grávida si vivo en el período de *esponsales,* no he cohabitado ni puedo cohabitar con José, hasta el día de la *conducción?* Según la interpretación del exégeta alemán, estas palabras no contienen alcance intemporal, no pueden extenderse al pasado y al futuro, como si dijera «no he conocido, ni conozco ni tengo intención de conocer varón», sino que el verbo («no conozco») es preciso entenderlo rigurosamente en el tiempo presente.

De la misma opinión participa otro notable exégeta alemán, Josef Schmid (6), del grupo llamado *Comentario de Ratisbona,* según el cual dichas palabras hacen referencia al hecho de que «en aquel momento estaba sólo prometida y no casada», y que en esas palabras no se puede ver «la expresión de un voto, o, al menos, el propósito firme de una virginidad perpetua».

Sin embargo, la tradición católica, siguiendo la interpretación de san Agustín, ha dado al verbo «no conozco», en tiempo presente, una amplitud que abarca el pasado, el presente y el futro, como si fuera un verbo impersonal que abarcara todos los tiempos de la conjugación verbal.

Es como si dijera: no tengo intención de tener relación matrimonial con ningún hombre, en toda mi vida.

---

(6) *El Evangelio según san Lucas,* Herder, Barcelona 1968, 61-72.

Todos los idiomas, precisa Ricciotti, incluso los modernos, utilizan la conjugación del verbo en presente con una intencionalidad extensiva hacia el futuro, como cuando decimos: yo no estudio medicina; yo no me voy al extranjero; yo no me caso con esta mujer... Y en este sentido habría hablado María, en Lucas 1,34.

Es preciso distinguir dos cosas: la maternidad virginal y la virginidad perpetua.

La maternidad virginal es un dato constatado por el evangelio de múltiples maneras y, desde el punto de vista de la fe, es un hecho incuestionable. Los que lo niegan son aquellos que no admiten por principio el milagro.

La virginidad perpetua tiene fundamentos bíblicos, pero su fuerza principal emana de la Tradición. Es doctrina dogmática, definida en el Concilio de Letrán, en el año 649. En todo caso, la virginidad perpetua es uno de los puntales más firmes de la mariología y una de las enseñanzas más sólidas y antiguas de la Iglesia.

Según mi apreciación personal, el argumento bíblico más fuerte, aunque indirecto, sobre la virginidad perpetua de María radica en el hecho de que Jesús, al morir, entrega a su Madre a los cuidados de Juan.

Si María hubiese tenido más hijos, hubiera sido un absurdo, desde el punto de vista afectivo y jurídico, entregarla a los cuidados de un extraño, estableciendo, además con él (Juan) una relación materno-filial. Y a pesar de que este episodio (Jn 19,25-28) encierra también un significado mesiánico, como explicamos ampliamente en otro momento, no excluye en Jesús la intención de un encargo familiar, y así lo interpretó Juan, ya que «la recibió en su casa» (Jn 19,27).

Para mí este hecho tiene una fuerza incontrarrestable, aunque indirecta, sobre la virginidad perpetua de María.

¿Qué decir, entonces, del voto de virginidad perpetua? Hoy día va tomando cuerpo con fuerza cada vez más creciente entre los mariólogos, la idea de que la decisión de vivir en virginidad la habría concebido, decidido y formulado después de la anunciación. Personalmente, me parece muy acertada esta intuición, a partir de nuestros conocimientos sobre la personalidad de la Madre.

María era —ya la conocemos— una mujer reflexiva e interiorizada. Debió quedar fuertemente sensibilizada y profundamente impresionada al darse cuenta de qué manera Dios, contra toda la opinión pública de la historia de Israel, apreciaba la virginidad y de qué manera (el Señor) asociaba definitivamente la virginidad al misterio de la Encarnación.

Según su costumbre, debió dar vueltas y más vueltas en su interior a esta «novedad», quedando fuertemente impactada. Y, a la luz y presencia del Espíritu Santo, pensando que para Dios todo es posible, conmovida y agradecida porque precisamente ella había sido escogida para que se consumara en ella esa prodigiosa maternidad en virginidad, habría ido madurando la idea —hasta la formulación completa— de hacer al Señor el *homenaje* de quedar siempre virgen. Si la persona del Hijo de Dios iba a ocupar aquel su seno, no sería decoroso que ningún otro ser lo ocupara. Aquel cuerpo sería sólo para Dios.

¿Por qué se casó? Con la anunciación se cambiaron todos sus planes. Había sido tomada y metida en un torbellino de acontecimientos que la colocaban en una situación «fuera de serie», en todo sentido.

Antes de la anunciación, como explica Schmid (7), María se dirigía hacia el matrimonio y un matrimonio normal. Pero ahora, después de estos acontecimientos, ya que su destino era excepcional, tenía que vivir también en una situación de excepción.

¿Por qué se casó? Si María tenía un hijo, sin estar casada, se habría producido una situación insostenible para la Madre y sobre todo para el Hijo.

Es fácil imaginar la situación: en un lugarcito donde el universo humano es muy limitado, donde todos saben las «historias» —magnificadas, por supuesto— de todos, donde las gentes viven presas de prejuicios y costumbres, donde apenas existe vida privada para la persona, sino que todo queda al descubierto, pasto fácil y sabroso para las malas lenguas..., es fácil imaginar, digo, lo insostenible de la situación de María, siendo madre soltera. Y peor aún, un día hubiese sido imposible para Jesús cualquier actividad evangelizadora.

Como hemos explicado más arriba, debió ser infinita la delicadeza con la que José se aproximó a María después que el cielo le reveló su destino y su dignidad.

Y los dos, tan sensibles para las cosas de Dios, después de largas conversaciones habrían llegado al compromiso de vivir unidos en matrimonio virginal, dando cobertura al sacrosanto misterio de la Encarnación y colaborando con Jesucristo en la salvación del mundo.

Un lector moderno difícilmente puede entender esto,

_____

(7) J. Schmid, *El Evangelio según san Lucas*, 62.

151

debido al ambiente secularizado y freudiano en el que todos estamos metidos. Para entenderlo, sería preciso «entrar» en el mundo de dos personas para las cuales la única realidad y valor es Dios.

Y el Prodigio se consumó

Al retirarse el ángel, comenzó el prodigio. El Espíritu Santo, portador de la potencia creadora del Padre, descendió y ocupó todo el universo de María. ¿Cómo fue aquello? ¿Qué sucedió en el primer minuto? ¿En la primera hora? ¿En el primer día?

Al no disponer de ninguna indicación bíblica a este respecto, vamos a apoyarnos en dos bases: el estilo de Dios y el estilo de María.

En cuanto a la actuación normal de Dios, sabemos que El, desde infinitas eternidades, fue silencio. Dios habita en las profundidades de las almas en silencio. Actúa en el universo y en la historia como un desconocido. Para unos, Dios duerme. Para otros, está muerto. Para otros, es nada. Dios busca la noche, ama la paz. Dice la Biblia que Dios no está en el barullo (2 Re 19,11).

En cuanto al estilo de María, ya sabemos de sus actitudes: siempre retirada en un segundo plano, humilde, modesta...

Una combinación de estos dos estilos nos dará la idea de cómo se dieron los fenómenos: el mundo no quedó en suspenso, no se paralizó el orden universal ni la historia contuvo el aliento. Al contrario, tcdo sucedió *naturalmente, silenciosamente.* Nunca como en este momento tuvieron tan cabal cumplimiento aquellas solemnes palabras de la Sabiduría:

> «Un profundo silencio lo envolvía todo, y la noche avanzaba en medio de su carrera, cuando tu Omnipotente Palabra descendió de los altos cielos al medio de la tierra» (Sab 18,14-18).

El contexto evangélico que hemos analizado en los diferentes lugares de este libro, indica que nada extraordinario percibieron en ella los nazaretanos, ni sus parientes próximos, ni siquiera sus padres. El gran misterio no trascendió de la piel de María.

Como la virginidad es silencio y soledad, en el silencioso seno de una virgen solitaria se consumó el prodigio, sin clamor ni ostentación.

Ahora bien, si exteriormente no hubo manifestaciones, en su interior debió haber grandes novedades, y la intimidad de la Madre debió quedar iluminada y enriquecida sobremanera. Su alma debió poblarse de gracias, consolaciones y visitaciones.

En estos nueve meses, viviendo una identificación simbiótica y una intimidad identificante con Aquel que iba germinando silenciosamente dentro de ella..., debió experimentar algo único que jamás se repetirá.

Como sabemos, entre la gestante y la criatura de su seno se da el fenómeno de la simbiosis. Significa que dos vidas constituyen una sola vida. La criatura respira por la madre y de la madre. Se alimenta de la madre y por la madre, a través del cordón umbilical. En una palabra, dos personas con una vida o una vida en dos personas.

Naturalmente, la Madre no sabía de fisiologías. Pero una mujer inteligente intuye —y sobre todo «vive»— esta realidad simbiótica.

Siendo además una mujer profundamente piadosa, aquel fenómeno debió causarle una sensación indescriptible en el sentido siguiente. La criatura *dependía* del Creador, de tal manera que si éste retiraba su mano creadora, la criatura (María) se venía, en vertical, a la nada. Y, al mismo tiempo, el Creador dependía de la criatura, de tal manera que si la criatura dejaba de alimentarse, corría peligro la vida del Creador. Fenómeno que nunca se había dado y que nunca se habría de dar.

Si la simbiosis es un fenómeno fisiológico, el mismo fenómeno cuando es psíquico se llama *intimidad*.

Toda persona, como realidad experimental y psicológica, es interioridad. Ahora bien, cuando dos interioridades se entrecruzan y se proyectan mutuamente, nace la intimidad, la cual no es otra cosa que una simbiosis espiritual por la que de dos presencias se forma una sola.

Pues bien, la Madre experimentó simultáneamente la simbiosis fisiológica y la intimidad espiritual. ¡Cómo debió ser aquello! Ni la intuición femenina más penetrante, ni la imaginación más aguda, podrán jamás barruntar cuál fue la altura y la profundidad, la amplitud y la intensidad de la vida de la Madre en aquellos nueve meses.

En las largas noches, en el sueño o en el insomnio, en sus caminatas a la fuente o al cerro, en la sinagoga o en las oraciones rituales señaladas por la Torah, cuando trabajaba en el huerto o cuidaba rebaños en el cerro, cuando tejía la lana o amasaba el pan..., abismada, sumida, endiosada, concentrada y compenetrada e identificada con Aquel que era vida de su vida y alma de su alma... Jamás mujer alguna vivió, en la historia del mundo, semejante plenitud vital y tanta intensidad existencial.

El silencio se paró y se encarnó en María juntamente con el Verbo. En estos nueve meses, la Madre no necesitó rezar, si por rezar se entiende vocalizar sentimientos o conceptos. Nunca la comunicación es tan profunda como cuando no se dice nada; y nunca el silencio es tan elocuente como cuando nada se comunica.

Aquí, durante estos nueve meses, todo se paralizó; y «en» María y «con» María, todo se identificó: el tiempo, el espacio, la eternidad, la palabra, la música, el silencio, la Madre, Dios. Todo quedó asumido y divinizado. *El Verbo se hizo carne.*

Escenas breves

En la noche de Navidad, la Madre se vistió de dulzura y el silencio escaló su más alta cumbre.

Aquí no hay casa. No hay cuna. No hay matrona. Estamos de noche. Todo es silencio.

La noche de Navidad está llena de movimiento: llega la hora de dar a luz, la Madre da a luz, envuelve en pañales al recién nacido, lo acuesta en un pesebre, la música angelical rompe el silencio nocturno, el ángel comunica a los pastores la noticia de que ha llegado el Esperado, les da la contraseña para identificarlo, vámonos rápidamente —dicen los pastores—, llegan a la gruta, encuentran a María, José y el Niño recostado en el pesebre, seguramente les ofrecieron algo de comer o algún regalo, les contaron lo que habían visto y oído en esa noche, los oyentes se admiraron...

Y, en medio de tanta cosa, ¿qué hacía, qué decía la Madre? «María, por su parte, guardaba todas estas cosas, y las meditaba en su corazón» (Lc 2,19). Inefable dulzura, en medio de una infinita felicidad. Y todo en silencio.

Muchas madres, cuando dan a luz, lloran de alegría. Podemos imaginar la intensidad de la alegría de la Madre. Nunca la experiencia es tan profunda como cuando no se dice nada.

Aquel día hubo una gran conmoción en el templo de Jerusalén.

Un venerable anciano, sacudido por el Espíritu Santo, tomó en sus brazos al Niño, dijo que ahora podía morir en paz porque sus ojos habían contemplado al Esperado, cuyo destino sería destruir y construir, derribar y levantar, y dijo a la Madre que estuviera preparada porque también ella sería envuelta en el fragor de aquel destino de ruina y resurrección; y Ana, una venerable octogenaria, se sintió repentinamente rejuvenecida y comenzó a hablar maravillas de aquel Niño...

Y, en medio de aquella conmoción general, ¿qué hacía, qué decía? «Su madre estaba admirada de las cosas que se decían» (Lc 2,33).

Pero debió vivir tan intensamente aquellos episodios,

que se le grabaron vivamente los nombres, la edad y las palabras de aquellos ancianos, y después de muchos años retransmitió todo fielmente a la primitiva comunidad.

En el Calvario, la Madre es una patética figura de silencio.

El Calvario está lleno de música fúnebre, de movimiento, de voces, de presencias, de sucesos telúricos: la cruz, los clavos, los soldados, los ladrones, el centurión, los sanedritas, el temblor de tierra, el rasgarse del velo del templo, la oscuridad repentina, las burlas, las Palabras: perdónalos, no saben lo que hacen, esta misma noche estarás conmigo en el paraíso, Padre mío, ¿por qué me has abandonado?, tengo sed, mujer, he ahí a tu hijo, en tus manos entrego mi vida, todo está acabado...

Y en medio de esta sinfonía patética, ¿qué hacía, qué decía? «Junto a la cruz de Jesús estaba, de pie, su Madre» (Jn 19,25). En medio de ese desolado escenario, esa Mujer en pie, es silencio y soledad, como una piedra muda. Ni gritos ni histerias ni desmayos, posiblemente ni lágrimas.

El profeta Jeremías la había imaginado como una cabaña solitaria, en la alta montaña, combatida por todos los huracanes.

Aquí, en el Calvario, el silencio de María se transformó en adoración. Nunca el silencio significó tanto como en este momento: abandono, disponibilidad, fortaleza, fidelidad, plenitud, elegancia, fecundidad, paz... Nunca una criatura vivió un momento con tanta intensidad existencial como María en el Calvario.

En resumen, de María apenas sabemos nada. No sabemos cuándo murió, dónde murió, ni siquiera si murió. Existen mil teorías sobre los años que vivió María. Todas las teorías carecen de fundamentos.

Mil teorías sobre el lugar en que murió. Unos dicen que en Efeso, otros que en Esmirna, otros que en Jerusalén. Ninguna teoría tiene fundamento sólido.

Dos teorías sobre si María murió o si, sin morir, fue levantada al cielo en cuerpo y alma. Unos dicen: a María no le correspondía morir por ser Inmaculada. Y la muerte es estipendio del pecado. Así, pues, sin morir fue asumida en cuerpo y alma al cielo. Otros dicen: por imitar a Jesús, María se sometió a la ley de la muerte; murió, Dios la resucitó y se la llevó en cuerpo y alma al cielo.

Los unos y los otros esperaban que Pío XII dijera la palabra final con ocasión de la definición dogmática de la Asunción en el año 1950. Ellos suponían que el Papa, al proclamar que María fue levantada en cuerpo y alma al cielo, tendría que precisar si esto ocurrió antes de morir o una vez muerta y resucitada. Llegó el momento y Pío XII no dijo nada al respecto.

María aparece en la historia como por sorpresa. Y desaparece en seguida como quien no tiene importancia. Hubo una canción famosa, antigua, que decía así:

«Y no olvidemos
que, por un breve y brillante momento,
hubo un Camelot.»

Por un breve y brillante momento apareció la Estrella y dijo: sólo Dios es importante. Y la Estrella desapareció.

Capítulo cuarto

LA MADRE

El nombre de este hermoso joven
estaba escrito sobre la nieve.
Al salir el sol, la nieve se derritió
y arrastró el nombre sobre las aguas.

KAZANTZAKIS

Ha dado a luz un Hijo
para sublime felicidad.
Y ahora se ha perdido
en su silenciosa dulzura.

HEBBEL

1. La Madre del Señor

La madre eterna

Una leyenda bretona dice que cuando los barcos naufragan en alta mar y los marineros se ahogan en las profundas aguas, la mujer de la muerte les susurra al oído canciones de cuna, aquellas mismas canciones que los náufragos aprendieron de sus madres cuando eran mecidos en sus cunas.

Según la poesía oriental, la mamá que murió vuelve todas las noches a acunar a sus hijos, aunque ya sean adultos. Y para estos huérfanos todos los seres de la naturaleza —el viento, las ramas de los árboles, las olas, las sombras— se transforman en brazos maternos para acariciar, acoger y defender a sus queridos huérfanos.

La madre no muere nunca. Dice Von Le Fort:

> «En la poesía popular sobre la madre, surge un profundo parentesco entre el nacimiento y la muerte.»

Madre, dolor, muerte, fecundidad, no son tan sólo palabras aproximativas o evocativas. Son expresiones tan entrañablemente emparentadas, tan condicionadas mutuamente que, en un cierto sentido, son palabras sinónimas.

161

La madre lo es todo a la vez: sagrada y terrena, piedra y estrella, aurora y ocaso, enigma y sangre, campana y silencio, milicia y ternura... Ella es como la tierra fértil, siempre dando nacimiento y siempre sepultando muertos, perpetuando incansablemente la vida a través de generaciones inmortales.

Para cumplir este destino sagrado y telúrico a la vez, la mujer, para ser madre y al ser madre, renuncia y pierde su personalidad y se sumerge en forma anónima en la corriente de las generaciones. La madre no tiene identidad personal; es, simplemente, *la señora de Pérez, la mamá de Juanito.* Es, esencialmente, entrega. Pertenece a alguien. No posee, es propiedad.

Pero, así como la hora del alumbramiento se desenvuelve tras la cortina, así todo el heroísmo de la vida de la madre transcurre en profunda sencillez, exenta de patetismo. Sufre y calla. Llora ocultamente. De noche, vela. De día, trabaja. Ella es candelabro, los hijos son la luz. Da la vida como la tierra: silenciosamente. Ahí está la raíz de su grandeza y belleza.

Dice Gibrán:

«Morimos para poder dar vida a la vida, así como nuestros dedos urden, con el hilo, la tela que jamás vestiremos.

Echamos la red para los peces que jamás probaremos. En esto que nos entristece está nuestra alegría.»

El misterio de María se proyecta como una luz sobre la madre eterna, aquella que nunca muere y siempre sobrevive. La figura de María Madre asume y resume el dolor, el combate y la esperanza de las infinitas madres que han perpetuado la vida sobre la tierra.

Entre la clausura y la apertura

La Encarnación es clausura y apertura simultáneamente. Por una parte culmina y corona las intervenciones fulgurantes de Dios, efectuadas a lo largo de los siglos, particularmente a favor de su pueblo Israel.

El Dios de la Biblia, nuestro Dios, no es una abstracción mental, como, por ejemplo, Orden, Ley, Fuerza, Voluntad... Nuestro Dios es *Alguien*. Es un alguien que interviene, entra en escena, fuerza los hechos, irrumpe en el recinto privado de la persona, pero siempre para libertar. En una palabra, es una *persona*: habla, desafía, ruega, perdona, pacta, transige, propone, a veces dispone. Es, sobre todo, un Dios que ama, se preocupa, cuida: es *Padre*.

Por otra parte, la Encarnación es *apertura* de un Reino que nunca conocerá ocaso. Los reinos de la tierra, dentro del inevitable ciclo biológico, nacen, crecen, mueren. La Iglesia es el nuevo teatro de operaciones, el nuevo Israel, propiedad de Dios. Así como Dios es Viviente sin término, porque está por encima del proceso biológico, así la Iglesia vivirá hasta que las cortinas caigan y el tiempo se acabe.

La Encarnación abre, pues, una ruta siempre hacia adelante y siempre hacia arriba, hasta que llegue la culminación final.

Y en esta encrucijada, entre la clausura y la apertura, se levanta la Madre con su *Sí*.

163

Nacido de mujer (Gál 4,4)

Mateo y Lucas abren sus respectivos evangelios con unas listas, antipáticas por áridas, llamadas *genealogías*. Lucas traza la suya en línea ascendente y Mateo en línea descendente.

A pesar de que tales genealogías tienen ese carácter monótono, y en la lectura bíblica uno siempre salta por encima de esos nombres, sin embargo esas listas encierran una gran densidad de sentido. Significan que nuestro Dios no es una fuerza primitiva o el orden cósmico; es el Dios concreto, aunque sin nombre, el Dios de Abraham, el Dios de Isaac, el Dios de Jacob; en una palabra, el Padre de nuestro Señor Jesucristo.

> «Es El quien de lo viejo hace salir lo nuevo y da a lo esperado su plena realización; quien no quebranta la historia, sino que la conduce a su término; quien colabora con los hombres, y de su pobre obra, y aun de sus malogros, construye algo acabado» (1).

En la lista descendente de Mateo, María queda ubicada al final de la genealogía. Todo árbol genealógico entre los judíos avanza rigurosamente por la línea masculina, pero aquí, al final, entra el nombre de María. ¡Extraño!

Pero María aparece por una necesaria referencia a Cristo. Como el final y coronamiento de la lista es Jesucristo, y a Cristo no se le puede concebir sin María, de ahí que Mateo haya incluido necesariamente a María. De modo que la entrada de María en el Nuevo Testamen-

---

(1) Karl Hermann Schelkle, *o. c.*, 29.

to se realiza así, al final de una genealogía, como referencia condicionada a un Alguien y ¡como Madre!

«Jacob engendró a José, el esposo de María, de la cual nació Jesús, llamado Cristo» (Mt 1,16).

María, pues, según la Biblia está situada en una intersección, ocupa un lugar central entre los hombres y Dios. El Hijo de Dios recibe de María la naturaleza humana y entra en la escena humana por este cauce.

Las generaciones van avanzando una tras otra hasta que, invariablemente, acaban en Cristo, igual que los ríos mueren en el mar. Todo el movimiento de la historia converge y culmina en Cristo: la Ley, los Profetas, toda la Palabra. Pues bien, Cristo aparece referido y condicionado a María «de la cual nació Cristo». La Madre aparece nombrada inmediatamente antes del Hijo. María es, pues, la representante de las generaciones que la precedieron, y, al mismo tiempo, es la puerta de las futuras generaciones redimidas.

En una palabra, ¡por ser Madre!, María es, junto con Cristo, el centro y la convergencia en la historia de la salvación.

Madre de Dios

La doctrina invariable de la Iglesia enseña que Jesucristo es, rigurosamente, Hijo de María. A la manera como cualquier madre suministra todo al fruto de sus entrañas, María suministró una naturaleza humana, con la cual se identificó el Verbo; y el fruto fue Jesucristo.

Moviéndonos dentro del alcance y significado del dogma elaborado por la reflexión de la Iglesia a partir de

165

los datos bíblicos y definido por el Concilio de Efeso, María no es tan sólo Madre de Cristo *en cuanto hombre,* sino también Madre de Jesucristo en cuanto Este es la persona divina del Verbo. Ese es el significado del primer dogma mariano, proclamado con tanto júbilo en Efeso en el año 431. El Verbo es *su Hijo* y María es *su Madre,* lo mismo que las otras madres lo son de la persona completa.

En hipótesis, el Verbo pudo haberse encarnado, por ejemplo, identificándose consustancialmente, en un momento determinado, con una persona adulta. Pero, de hecho, no aconteció así. Según la verdad revelada, Dios entró en la humanidad por el cauce normal de un proceso biológico, a partir de las primeras fases del embrión humano.

Por eso se habla de la maternidad divina. Por eso, también Isabel se pregunta estupefacta: ¿Qué es esto? ¿«La Madre de mi Señor» aquí? San Pablo, hablando del Eterno Jesucristo, dice que fue «fabricado» en el seno de una mujer (Gál 4,4), y utiliza una vigorosa expresión: Nacido «según la carne» (Rom 1,2). Y el ángel de la anunciación, al hablar a María sobre la identidad de aquel que florecería en su seno, dice que se trata del «Hijo del Altísimo».

Desde hace siglos, la Iglesia viene repitiendo aquellas palabras, llenas de grandeza y majestad: *«et incarnatus est de Spiritu Sancto ex Maria Virgine».* ¡El misterio de la Encarnación! Se hizo *carne* (el Verbo) «en» y «de» María Virgen, por obra del Espíritu Santo.

Se quiere decir que de esta *carne* que el Verbo asumió, fue «fabricado» por la potencia creadora y directa del

Espíritu Santo, y no dentro de un proceso biológico normal. Y avanza el dogma (y la Escritura) afirmando que esta operación creadora del Espíritu Santo se realizó concretamente «en» María y «de» María. La preposición latina *ex* tiene gran densidad de sentido, y quiere decir mucho más que nuestra preposición *de*.

La actuación excepcional del Espíritu Santo, no solamente no ha prescindido de la actividad generatriz materna sino que la ha requerido expresamente. De modo que se da una colaboración mutua entre el Espíritu Santo y la actividad materna de María: la una en la otra y la una al lado de la otra. Como dice con mucha precisión Scheeben (2), María fue verdadero principio de la humanidad de Cristo, aunque subordinado al Espíritu Santo, y actuando bajo la acción de éste, y ambos, el Espíritu Santo y María, actuaron en comunidad de acción.

Esta actividad, de parte de María, importa una colaboración biológica y otra espiritual, de la que hablaremos más tarde.

El dogma, siguiendo a la Escritura, en este proceso materno excluye por una parte la fecundación natural, y por otra parte afirma la actividad generatriz de María.

Al contrario del proceso humano, en el que el padre colabora mediante el germen paterno a la formación de la sustancia corporal, en la generación de Jesucristo la acción colaboradora vino a través de la actuación excepcional de la potencia creadora de Dios sobre la sustancia humana, que fue tomada únicamente de la Madre.

_____

(2) Algunas de estas ideas están tomadas de *Madre y Esposa del Verbo*, Desclée, Bilbao 1955.

Esa operación, según la Escritura, consistió en una «invasión» del Espíritu Santo y en una «acción» de la potencia infinita de Dios (Lc 1,35). Para significar esa acción, la Escritura utiliza unas expresiones bellísimas: dice que la *sombra* del Altísimo *cubrirá* a María. Son expresiones nobles que recuerdan ciertos elementos naturales cuya acción deja intacto al sujeto sobre el cual actúan, como la luz, la niebla, la sombra, el rocío...

En una palabra, en este proceso generatriz de la Encarnación, el Espíritu Santo será, misteriosamente, el *agente* que portará la potencia creadora, emanada directamente de la fuente del Altísimo.

Significado de la maternidad virginal

Si la Escritura y la Tradición afirman con tanta fuerza e insistencia el hecho de la maternidad virginal, ¿cuáles podrían ser de parte de Dios las razones para una opción tan extraña y excepcional en la historia de la humanidad?

Al parecer, en primer lugar Dios quiere con este hecho dejar establecido de manera patente e impactante que el único Padre de nuestro Señor Jesucristo es Dios mismo. Jesucristo no se originó de la voluntad de la sangre, ni de deseo carnal alguno, sino de la voluntad del Padre.

Además, con el hecho de la maternidad virginal se quiebra y se trasciende el proceso biológico que viene desde Adán, e incluso desde mucho más lejos, desde las fronteras más lejanas de la biogénesis. Se quiebra un viejo orden por primera y única vez para patentizar que con la llegada de Jesucristo se establece un nuevo plan, no el de la generación por sexo sino el de la regeneración por la resurrección.

La virginidad de María es símbolo, figura y modelo de la virginidad de la Iglesia, sobre todo de aquella Iglesia definitiva y celestial, que no es otra cosa sino una multitud incontable de vírgenes, donde el amor llegó a su plenitud, el sexo fue trascendido hasta la total sublimación y los combatientes ya no se casarán ni serán entregados en matrimonio. Nueva patria, nuevo orden, nuevo amor. Cristo transformó todo. Y el Transformador tenía que entrar en el mundo de una manera diferente y virginal, tenía que vivir y morir de manera diferente y virginal. «Soy yo, el que todo lo hace nuevo», dice el *Apocalipsis*.

María Virgen es imagen de la Iglesia virgen. Los caminos que recorren los libertadores, en medio de la noche, son caminos de soledad. Toda mujer desea tener unos hijos, un alguien a su lado que le brinde protección, cariño y seguridad; quiere tener vestidos para brillar, joyas para lucir, una casa para cobijarse. Una virgen es una caminante solitaria que atraviesa una noche fría. Es una figura solitaria pero fascinante. Su soledad contiene un resplandor latente. Ella es tierra de Dios, la heredad exclusiva del Señor, sólo Dios tiene acceso y dominio sobre este territorio. Eso fue María virgen, y eso tiene que ser la Iglesia virgen: caminos de fe, humildad, pobreza, servicio, disponibilidad, entre persecuciones, combates y esperanzas.

Todo eso significa la virginidad.

Según lo que dijo el ángel de la anunciación, el que germinaría en el seno de María sería «santo» (Lc 1,35), y el *Santo* que nacería de ella la santificaría.

Para la Biblia, *santo* no es adjetivo, cualidad o propiedad, sino sustantivo. La palabra *santo* quiere decir, como lo traduce muy bien Schelkle: «Con Dios y por Dios arrebatado fuera del mundo.» En su significación semántica, *santo* hace referencia a verbos como separar, reservar, apartarse.

Por ahí va el significado profundo de la virginidad: alguien seducido por Dios, instalado solitariamente en el corazón de la noche, manteniéndose siempre en pie, sólo sostenido por el brazo fuerte del Padre e iluminado por el velado fulgor de su Rostro.

> «Originalmente, Dios es santo en cuanto está separado del mundo, es totalmente distinto de él.
> Santo es quien, separado de este mundo, pertenece al mundo de Dios.
> Así María, por la santidad de su Hijo es, ella misma, santa. Es retirada del ámbito de lo creado y situada en la esfera de las cosas y personas que Dios ha hecho suyas.
> Por eso, José no tiene relaciones sexuales con María» (3).

La maternidad virginal es algo tan inaudito que solamente se puede aceptar si se la mira como una de las grandes gestas salvíficas. Dice Schelkle:

> «Es algo tan inconcebible que un ser humano no deba la vida al acto generador del padre, que puede ser simple indiferencia, y no necesariamente fe, aceptar, sin más, tal hecho» (4).

La maternidad virginal es uno de los portentos más altos —si no el más alto— de la historia de la salva-

---

(3) KARL HERMANN SCHELKLE, *o. c.*, 44.
(4) Sobre el valor histórico de la maternidad virginal, véanse esas magníficas treinta y siete páginas de SCHELKLE, en *María Madre del redentor*, o. c., 43-70.

ción, dentro de aquella melodía que recorre toda la Biblia: para Dios nada es imposible (Gén 18,14; Lc 1,37).

«El milagro del nacimiento de Cristo es, precisamente, revelación de la libertad y acción creadora de Dios.

Hasta en la corporeidad de Cristo se halla contenido este anuncio: ahora comienza algo nuevo que es absolutamente acto creador de Dios y prueba de su poder.

En este sentido puede interpretarse la aserción paulina (1 Cor 15,45-47) de que Cristo, como nuevo Adán, como jefe y cabeza de una humanidad nueva, no fue formado de la tierra, sino que procede del cielo y es vivificador.

Cristo, criatura humana, no tiene padre. Jesucristo-hombre es obra directa de Dios. Sólo a éste corresponde la gloria de la obra y vida de Jesús» (5).

Todos nosotros vivimos envueltos en una atmósfera de inspiración freudiana, en una sociedad aceleradamente secularizante. Se ha exaltado de tal manera el mito sexo, que también los creyentes comienzan a sentir una cierta extrañeza por el nacimiento virginal. No tienen dificultad en aceptar hechos mucho más sensacionales como la Resurrección, pero sienten no sé qué disgusto ante este otro hecho de salvación. Se olvidan de que estamos ante un asunto de fe.

---

(5) SCHELKLE, o. c., 69.

«El juicio sobre la tradición del nacimiento virginal y la aceptación de ella es, en definitiva, una parte sobre la tradición de Jesús el Cristo; y una parte de la afirmación de esta tradición.

Si, pues, Cristo es el único y querido Hijo y la imagen verdadera de Dios, si El es la consumación de la era nueva, como hecho necesario para la humanidad perdida, la renovación total y la fuerza, el camino, la verdad y la vida..., entonces la afirmación de la inexistencia de la paternidad terrena encierra un profundo misterio.

Los textos del Nuevo Testamento referentes a la maternidad virginal, trazan una línea de frontera apenas perceptible en torno a la realidad de Jesucristo, frontera, sin embargo, bien determinada y, a pesar de la escasez de textos, muy digna de ser aceptada, que impresiona y se hace inolvidable al lector» (6).

María, en los meses de gestación

Para saber cómo eran los sentimientos de María en los días de gestación, vamos a colocarnos ante situaciones análogas.

Si hoy día preguntamos a una mujer grávida, y que al mismo tiempo sea mujer de mucha fe y gran interioridad, cuáles son los sentimientos que experimenta en ese estado de gravidez, ella quedará sin saber qué responder... ¡No es extraño, es tan insondable lo que vive! Al fin hablará dificultosamente; pero aun con palabras vacilantes conseguirá, no digo expresar, mas sí evocar un mundo inefable, un mundo que nace y muere con su propia maternidad.

---

(6) SCHELKLE, o. c., 70.

¿Cuál era la estatura psíquica y espiritual de María por esos días de gestación? En las escenas de la anunciación, María aparece dueña de una madurez excepcional, con capacidad de reflexión y, sobre todo, muy interiorizada. Y todo esto en unas proporciones que no corresponden a su edad.

Si medimos su estatura espiritual por el contenido del *Magnificat*, comprobaremos que, cuando se evoca el misterio personal del Señor Dios, María es una joven vibrante y hasta exaltada a pesar de que, por lo general, se muestra reservada y silenciosa. Conoce la historia de Israel y es plenamente consciente del significado de la Encarnación. Además, es inmaculada, llena de gracia, habitada por la presencia sustancial del Verbo y afectada por la acción directa del Espíritu Santo.

Tal es el sujeto que va a vivir una experiencia única.

Difícilmente podrá la mente concebir, y la lengua expresar, y la intuición más penetrante adivinar, cuál fue la amplitud y la profundidad de la vivencia en Dios, de nuestra Madre por esta época. El mundo interior de María debió enriquecerse poderosamente en estos nueve meses, en orden físico, psíquico y espiritual.

Aquello debió ser algo único e inefable.

María vive abismada en un universo sin fondo y sin contornos, mirando siempre contemplativamente al centro de su ser, donde se realiza el misterio infinito de la Encarnación. Todo el cuerpo y toda el alma de María estaban centradas y concentradas en su Magnífico Señor que había ocupado el territorio de su persona.

La fisiología describe admirablemente de qué manera, en los días de gravidez, todas las funciones vitales de la gestante convergen en la criatura, que va en el centro de su organismo, y colaboran en su formación. Si en María las funciones fisiológicas, por reacción espontánea, se dirigían al centro de su organismo donde germinaba el Hijo de Dios, al mismo tiempo toda su alma —atención, emoción, fuerzas de profundidad— convergía libremente y con devoción en ese mismo centro, teatro de las maravillas de Dios.

Hoy día, en cualquier clínica de maternidad se comprueba con un espectoscopio el siguiente fenómeno: cuando la mamá se emociona, se emociona también la criatura en su seno. Si se acelera el ritmo cardíaco de la madre, se acelera también el ritmo de la criatura. Si se tranquiliza el corazón de la madre gestante, se tranquiliza también el corazón de la criatura. Todas las alternativas emocionales de la mamá son vividas por la criatura y detectadas por la aguja del espectoscopio.

Según eso, en nuestro caso, de la misma sangre vivían el Criador y criatura, del mismo alimento se alimentaban y del mismo oxígeno respiraba el Señor y la Sierva. Así como sus cuerpos eran un solo cuerpo, según el fenómeno de la simbiosis, de la misma manera sus espíritus eran un solo espíritu: la atención de María y la «atención» de Dios estaban mutuamente proyectadas, originándose una intimidad inenarrable. María vivía perdida, toda ella, en la presencia total del Señor Dios.

Todas las energías mentales de María quedaban concentradas y paralizadas en Aquel que estaba «consigo», en Aquel que, por otra parte, era el alma de su alma y la vida de su vida. En esos momentos la oración de María no consistía en expresar palabras, ni era propiamente una reflexión. Porque en una reflexión existe un movimiento mental, un ir y venir de las energías mentales; existe un proceso diversificante y pluralizador.

En María, en esos momentos de alta intimidad con su Señor, no existe propiamente (¿cómo explicar?) movimiento mental, todo está quieto. ¿Qué es? ¿Un acto? ¿Un estado? ¿Un momento? ¿Una situación? En todo caso, *toda* María (todas sus energías mentales integradas), en un acto (¿actitud?) simple y total, «queda» *en* Dios, *con* Dios, *dentro* de Dios, y Dios *dentro de ella*.

Ahí estaría la expresión exacta: *toda* María queda paralizada *en su* Hijo-Dios.

Fue una convivencia densa y penetrante. María, en sus momentos más altos, no tenía imágenes ni pensamientos determinados, porque los pensamientos hacen presente a alguien ausente, pero en el caso de María grávida no era necesario hacer presente a ningún ausente, porque El estaba ahí «con» ella; era presencia identificada con su cuerpo y con su alma.

A pesar de esta identificación, María conservaba nítidamente la conciencia de su identidad y más que nunca y mejor que nunca medía la distancia entre la majestad de su Señor y la pequeñez de su sierva, emocionada y agradecida.

El Espíritu Santo fue portador de la fuerza creativa del Todopoderoso para formar una sustancia corporal en el seno de María. La acción del Espíritu Santo no se limitó a formar inicialmente el embrión. Así, pues, una vez que el embrión podía vivir por sí solo y transformarse en un organismo humano, el Espíritu Santo no se retiró como quien ha cumplido su misión, sino que acompañó con su influjo durante todo el proceso de gestación.

Pues bien, aquí nos encontramos con un misterio ante el cual la imaginación humana se pierde. Resulta que María recibió, digamos así, la sustancia personal del Verbo Eterno, segunda persona de la Santa Trinidad; y recibió al mismo tiempo al Espíritu Santo, *sustancialmente* también, no en sus efectos como sucedió en el día de Pentecostés.

María en este tiempo era rigurosamente templo sustantivo de la Santa Trinidad. Si bien es verdad que Dios no ocupa ni tiempo ni espacio, las comunicaciones intratrinitarias se efectuaron en estos nueve meses, en el recinto personal de María, en el perímetro, por así decirlo, de sus dimensiones somáticas. ¿Cómo fue aquello? Aquí uno se pierde.

«En» María, en estos nueve meses, el Padre fue *Paternidad,* es decir, continuó su eterno proceso de engendrar al Hijo. Este —que era propiamente *Filiación*— continuó a su vez en el proceso eterno de *ser engendrado.* Y de la proyección de ambos sobre sí mismos nacía el Espíritu Santo. Desde siempre y para siempre había acontecido lo mismo: en el circuito cerrado de la órbita intratrinitaria se desenvolvía una fecunda corriente vital de conocimientos y amor, una vida inefable de caudalosa comunicación entre las tres personas. Pues bien, todo ese enorme misterio se desarrollaba ahora en el marco limitado de esta frágil gestante. Esto supera toda fantasía.

El Misterio Total y Trinitario envolvía, penetraba, poseía y ocupaba todo en María. ¿Tenía la joven gestante conciencia de lo que acontecía dentro de ella? Siempre ocurre lo mismo: cuanto mayor es la densidad de una vivencia, tanto menor es la capacidad de conceptualizarla y, sobre todo, menor todavía la capacidad de expresarla.

Según su espiritualidad de *Pobre de Dios,* María había entregado incondicionalmente su territorio, y ahora sólo se preocupaba de ser consecuentemente receptiva. Su problema no era el conocimiento sino la fidelidad.

Sin embargo, María no fue una gestante alienada. La pseudocontemplación aliena. Pero la verdadera contemplación da madurez, sentido común y productividad. Es verdad que María vive sumida en la presencia de Dios. Pero en esa presencia sus pies tocan la tierra y la pisan firmemente. Ella sabe que tiene que sobrealimentarse porque de su alimento participa Aquel que va a nacer.

A la vez la presencia de Dios despierta, sobre todo, la sensibilidad fraterna. Y allá va la joven, rápidamente, a la casa de Isabel para felicitarla, para ayudarla en los últimos meses de gestación y en las tareas del parto. Y permanece allí tres meses. Dios es así. Nunca deja en paz. Siempre desinstala. Siempre saca a la persona de sus propios círculos para lanzarla a los necesitados de este mundo, en servicio y bondad.

Nunca se vio una estampa maternal de tanta dulzura, ternura y silencio. Nunca se volverá a ver en esta tierra una figura de mujer tan evocadoramente inefable. Jamás verán los ojos humanos tanta interioridad. Todas las mujeres de la tierra, las que hubo y las que habrá, encontraron en esta joven gestante su más alta expresión.

Todas las madres de la historia humana que murieron en el parto, resucitan aquí en el seno de esta Madre grávida, para dar a luz juntamente con **Ella a** generaciones imperecederas.

Las voces y armonías del universo formaron aquí, en esta joven gestante, una sinfonía completa e inmortal.

María es aquella mujer grávida que aparece en la grandiosa visión del *Apocalipsis,* encaramada sobre la luna, vestida con la luz del sol y coronada por una antorcha de estrellas (Ap 12,1-15).

El Hijo, retrato de su Madre

De María sabemos poco. El Nuevo Testamento es parco en noticias referentes a la Madre. Y, aunque en el evangelio sentimos su presencia, su figura se nos pierde en la penumbra; y tenemos que caminar por entre deducciones e intuiciones para captar la persona y personalidad de la Madre.

A pesar de esta precariedad informativa, para saber quién fue María disponemos, sin embargo, de una fuente segura de investigación: su propio Hijo. Todos nosotros somos un producto de las inclinaciones y tendencias, combinadas, de nuestro padre y de nuestra madre, transmitidas a través de las llamadas *leyes mendelianas.*

Los caracteres, tanto fisionómicos como psíquicos, se transmiten de padres a hijos por el cauce y en forma de *códigos genéticos.* En el interior de la célula del óvulo hay unos filamentos llamados *cromosomas.* Cada cromosoma a su vez está formado de pequeños elementos, unidos a modo de cadena. Esos corpúsculos elementales se llaman *genes,* y ellos son los portadores de los caracteres de los padres. Estos genes, formando diferentes fórmulas o combinaciones genéticas, son los que determinan **gran parte** de los rasgos fisionómicos, así como las tendencias psicológicas, transmitidos por los padres y heredados por los hijos. No se sabe todavía cuál es el secreto misterio por el que los cromosomas, paterno y materno, forman un código genético, pero se sabe que a través de estos códigos llegan a los hijos los caracteres de sus padres.

Ahora bien, Jesucristo no tuvo padre en el sentido genético de la palabra. Así, pues, en su caso la transmisión (y recepción) de los rasgos fisionómicos y psicológicos se realizó por un solo canal proveniente de una única fuente, su Madre.

Según esto, el parecido físico entre la Madre y el Hijo debió ser enorme. Las reacciones y comportamiento generales debieron ser muy semejantes en la Madre y en el Hijo, lo que, por otra parte, se vislumbra claramente en los evangelios. ¿Cómo era María? Basta mirar a Jesús. El Hijo fue el *doble* de su Madre, su fotografía, su imagen exacta, tanto en el aspecto físico como en las reacciones psíquicas.

Existen en los evangelios otros aspectos que son muy interesantes para saber, en forma deductiva, quién y cómo fue la Madre. En primer lugar, Jesús es el Enviado que antes de proclamar las bienaventuranzas, Él mismo las vivió hasta las últimas consecuencias.

En segundo lugar, Jesús fue aquel Hijo que desde niño fue observando y admirando en su madre todo ese conjunto de actitudes humanas —humildad, paciencia, fortaleza— que luego habría de esparcir en forma de exclamaciones en la montaña. Digo esto porque siempre que aparece María en los evangelios lo hace con aquellas características que están descritas en el sermón de la montaña: paciencia, humildad, fortaleza, paz, suavidad, misericordia...

Todos nosotros somos, de alguna manera, lo que fue nuestra madre. Una verdadera madre va recreando y formando a su hijo, de alguna manera, a su imagen y semejanza, en cuanto a ideales, convicciones y estilo vital. Para Jesús debió constituir una impresión muy fuerte el ir, desde sus más tiernos años, observando y admirando —y, sin querer, imitando— aquel silencio, aquella dignidad y paz, aquel no sentirse impresionada por las cosas adversas... de su Madre.

Para mí, es evidente que Jesús no hizo otra cosa en la Montaña que diseñar aquella figura espiritual de su Madre que le surgía desde las profundidades del subconsciente, subconsciente alimentado con los recuerdos que se remontaban a sus primeros años. Las bienaventuranzas son una fotografía de María.

Avanzando por entre las penumbras de las páginas evangélicas, vislumbramos un impresionante paralelismo entre la espiritualidad de Jesús y la de su Madre.

María, en el momento decisivo de su vida, resolvió su destino con la palabra *hágase* (Lc 1,37). Jesús, llegada «su Hora», resolvió el destino de su vida y la salvación del mundo con la misma palabra *hágase* (Mc 14,36). Esta palabra simboliza y sintetiza una vasta espiritualidad que abarca la vida entera con sus impulsos y compromisos en la línea de los *Pobres de Dios*.

Cuando María quiere expresar su identidad espiritual, su «personalidad» ante Dios y los hombres, lo hace con aquellas palabras: soy una esclava del Señor (Lc 1,38). Cuando Jesús se propone a sí mismo como una imagen fotográfica, para ser copiado e imitado, lo hace con las palabras «manso y humilde» (Mt 11,29). Según los exégetas, las dos expresiones tienen un mismo contenido, dentro una vez más de la espiritualidad de los *Pobres de Dios*.

María afirma que el Señor destronó a los poderosos y encumbró a los humildes (Lc 1,52). Jesús dice que los soberbios serán abatidos y los humildes, exaltados.

De estos y otros paralelismos que se encuentran en los evangelios, podríamos deducir que María tuvo una influencia extraordinaria y determinante en la vida y espiritualidad de Jesús; que mucho de la inspiración evangélica se debe a María como a su fuente lejana; que fue una excelente pedagoga, y su pedagogía consistió no en muchas palabras sino en vivir con suma intensidad una determinada espiritualidad, con la cual quedó impregnado su Hijo desde niño, y que, en fin, el Evangelio es en general un eco lejano de la vida de María.

Viaje apresurado

La tradición y la imaginación popular han supuesto desde siglos que María hizo su viaje de Nazaret a Belén unos días antes del parto. La inmensa mayoría de los autores —incluso nosotros— se atiene a este supuesto sin detenerse a pensar mejor. Paul Gechter deduce, del contexto evangélico, una muy diferente conclusión, la cual arroja sobre María una grandeza singular, me parece (7).

Según el evangelista médico (Lc 2,1), María y José, ya casados, se vieron obligados a realizar su viaje a Be-

---

(7) Paul Gechter, *o. c.*, 190-191.

lén bajo la presión de un edicto imperial. Esta razón no excluye que aquel viaje tuviera otros motivos.

El orden de los hechos pudo ser así: a los tres meses de la anunciación regresa María desde Ain Karim a Nazaret. Un buen día, no sabemos cuándo, recibe José la explicación sobre lo acontecido a María. De Mateo 1,24 surge la impresión de que la *conducción* —el casamiento— se realizó lo más pronto posible, inmediatamente después de esta notificación. La *conducción* pudo haberse realizado entre el cuarto y quinto mes después de la anunciación, es decir, un poco antes de que comenzaran a manifestarse los primeros síntomas visibles de la gravidez.

Detrás de este apresuramiento vislumbramos la preocupación y temor de parte de José de que muy pronto se encendiera la maledicencia popular contra María.

Si José quería defender el buen nombre de la Madre, y sobre todo el del Hijo, tenía que dar pasos apresurados para alejarse de Nazaret. Y se le presentó una magnífica oportunidad con ocasión del censo imperial, que debió haberse promulgado muchos meses atrás. La orden imperial fue providencial para ellos porque así a nadie extrañaría su alejamiento de Nazaret, que, al parecer, en la intención de los cónyuges era definitivo (Mt 2,22).

Así se ilumina la intención velada que, al parecer, se esconde detrás de la expresión lucana de «que estaba grávida» (Lc 2,5). Esta indicación tiene el aspecto de ser la motivación del viaje apresurado. María debía alejarse cuanto antes. En Belén a nadie llamarían la atención los síntomas de gravidez en María, porque nadie sabía la época del casamiento. Dice Gechter:

> «Así, sobre la Encarnación de Jesús quedaba tendido un velo que ocultaba el misterio a nazaretanos y belemitas.»

Lucas no dice: cuando llegaron allá se cumplieron los días del alumbramiento, sino: «estando ellos allá» (Lc 2,6). El texto lucano deja, pues, un amplio margen para fijar la cronología del nacimiento. Si el parto sucedió inmediatamente después de llegar, o después de un lapso más o menos largo de tiempo, el texto no dice nada.

Si se acepta este razonamiento, María y José habrían viajado de Nazaret a Belén más o menos en el quinto mes después de la anunciación.

Sea como fuere, en cualquiera de las dos suposiciones la situación de María no debió ser idílica. Ella tuvo que vivir, en todo caso, en una situación humanamente dramática. Pero aquí está la grandeza de la Madre. Cuando una persona vive inmersa en Dios y abandonada en su voluntad —como vivía ella—, esa persona experimenta una profunda paz y seguridad en medio de una furiosa tempestad. Cualquiera de nosotros puede constatarlo: cuando se «vive» intensamente la presencia de Dios, entonces no se sufre miedo por nada sino que uno se siente tremendamente libre y, pase lo que pase, se vive en una paz inquebrantable.

Las situaciones amenazantes que envolvieron a María no impidieron en absoluto aquella profundidad, dulzura e intimidad en las que vivió la Madre durante estos meses. Esa es la lección de vida.

2. Travesía

A mí siempre me ha chocado un fenómeno extraño que se esconde y se vislumbra detrás de las líneas evangélicas: el trato de Jesús con su Madre. Ese trato no es como el de los demás hijos con sus respectivas mamás. Siempre que aparece María en los evangelios, Jesús toma respecto de ella, al parecer deliberadamente, una actitud fría y distante. Detrás de esa actitud se esconde un profundísimo misterio que vamos a tratar de desvelar aquí. Fue una pedagogía.

Es inútil alterar el significado de las palabras mediante interpretaciones forzadas a fin de suavizar la dimensión real de la dureza de algunas expresiones evangélicas. Jesús no era un hijo ingrato. ¿Por qué se comporta así? María, tal como aparece en los evangelios, es la suprema expresión de delicadeza y bondad. No se merecía aquel tratamiento. ¿Por qué sucede todo esto?

Aquí palpita una densa teología con la que el mensaje evangélico adquiere una profundidad insospechada. Y en ese contexto, el comportamiento de la Madre es de tal grandeza que uno queda simplemente mudo de asombro por esta mujer incomparable.

La carne no vale para nada (Jn 6,63)

Jesucristo había venido para transformarlo todo. Había venido para sacar a los hombres de la órbita de la carne y colocarlos en la órbita del espíritu. Con su llegada habrían de caducar todos los lazos de consanguinidad y habrían de establecerse las fronteras del espíritu, dentro de las cuales Dios sería padre de todos nosotros y todos nosotros seríamos hermanos unos para otros (Mt 23,8).

Mucho más todavía: para todos los que asumen radicalmente la voluntad del Padre, Dios se constituye en padre, madre, esposa, hermano... (Mt 12,50; Lc 8,21). Todo lo humano sería asumido, no suprimido. Todo sería sublimado, no destruido. Fue la revolución del espíritu.

Toda realidad humana se mueve en órbitas cerradas, y Jesucristo había venido para abrir al hombre hacia horizontes ilimitados. Así, por ejemplo, la paternidad, la maternidad, el hogar, el amor humano, se desenvuelven en círculos cerrados, y Jesucristo quería abrir esas realidades hacia el amor perfecto, hacia la universalidad paterna, materna, fraterna... En una palabra, había venido para implantar la esfera del Espíritu.

Jesús, El mismo, fue consecuente con sus principios. Llegada la hora señalada por su Padre, sale de su esfera familiar de Nazaret. Y su tendencia permanente es alejarse de lo que llamaríamos clan, familia, provincia. Sale y actúa primero en Galilea, luego en Samaría, más tarde en Judea, cada vez más lejos de su núcleo familiar. Y, al parecer, no quería regresar a su aldea.

La intuición y la experiencia le habían llevado a la conclusión siguiente: allá donde se han establecido con el profeta las relaciones de parentesco o de vecindario, siempre lo mirarán con *ojos de carne,* habrá curiosidad por él pero no fe, y se malogrará todo el fruto de la siembra porque un profeta «sólo en su tierra, entre sus parientes y en su propia casa carece de prestigio» (Mc 6,5; Mt 13,57). Realmente, «la carne no vale para nada» (Jn 6,63).

Según los evangelios, Jesús se llevó una amarga desilusión en su propio pueblo y entre sus parientes. Las palabras de Marcos son sorprendentes: «Y se extrañó de su incredulidad [parientes y paisanos]» (Mc 6,6). «Y no quiso hacer milagros allí» (Mt 13,58).

Los textos evangélicos avanzan invariablemente en el mismo sentido, levantando a los hombres desde sus estrechos márgenes humanos hacia cumbres elevadas. Si saludáis tan sólo a vuestros hermanos, ¿en qué os diferenciáis de los paganos? (Mt 5,47). Todo aquel que en mi nombre abandona casas, padres o hermanos, conocerá la libertad y la plenitud (Mt 19,29). ¿Queréis ser discípulos míos? Si no sois capaces de inmolar por mí realidades muy queridas como esposa, hermanos, hijos, no podréis pertenecer a mis filas. ¿Creéis que he venido a traer la paz? Vine a traer espada y a enfrentar al hijo con el padre y a la hija con la madre (Mt 10,35).

Es preciso nacer. Lo que nace de la carne, carne es; y, en su ciclo biológico, acaba y se descompone. Lo que nace del espíritu es inmortal como el mismo Dios (Jn 3,1-10).

Por esta línea va la explicación profunda de la actitud fría de Jesús para con su Madre, actitud que, por otra parte, tiene un carácter estrictamente pedagógico.

Nueva gestación

Después de su resurrección, Jesucristo establecerá el Reino del Espíritu: la Iglesia. Lo cual no es una institución humana, sino una comunidad de hombres que nacieron, no del deseo de la carne o de la sangre, sino de Dios mismo (Jn 1,13). Es un pueblo de hijos de Dios, nacidos del Espíritu.

En Pentecostés habrá, pues, un nuevo nacimiento. Por segunda vez va a nacer Jesús, pero esta vez no según la carne como en Belén, sino según el espíritu. No hay nacimiento sin madre. Si el nacimiento era espiritual, la madre tendría que ser espiritual. La madre, humanamente, es una realidad dulce. Esa dulce realidad tendría que morir, en una evolución transformante, porque para todo nacer hay un morir.

María, pues, tendría que hacer una travesía. De alguna manera, tendría que olvidarse de que era Madre según la carne. Su comportamiento, mejor, la mutua relación entre Madre e Hijo, tendría que desenvolverse como si los dos fuesen extraños el uno para el otro.

En una palabra, también María tendría que salirse de la órbita materna, cerrada en sí misma —la esfera de la carne— y tendría que entrar en la esfera de la fe. Y todo esto porque Cristo necesitaba de una madre en el espíritu, para su segundo nacimiento en Pentecostés. La Iglesia es la prolongación viviente de Jesucristo, proyectado y derramado a lo largo de la historia.

Y así Jesús adopta una singular pedagogía y somete a su Madre a un proceso de transformación; y toda transformación es dolorosa.

Desde la época pre-adolescente —era casi un niño todavía—, necesitado de atención y cuidados maternos, Jesucristo, Hijo de Dios e Hijo de María, entra resueltamente en la fría región de la soledad humana, se desprende del árbol, se declara exclusivamente Hijo de Dios, desestima la preocupación materna y viene a decir, sin decirlo, que la carne no vale para nada. Fue un golpe inesperado que desconcertó profunda y dolorosamente a la Madre. Ella quedó en silencio, pensando (Lc 2,46-51).

Aquí se desmorona la dulzura materna y Jesús declara, con otras palabras, que sólo Dios es importante, que sólo Dios vale, que sólo Dios es dulzura y ternura. Y en un ambiente tenso proclama desde ahora y para siempre la indiscutible supremacía y exclusividad del Señor Dios Padre, por encima de todas las realidades humanas y terrenas. Jesús recoge aquí la vía áspera y solitaria de los grandes profetas: sólo Dios.

Luego Jesús manifiesta repetidamente no querer aceptar cuidados ni afectos maternos (Mc 3,20-35). Si María quiere seguir en comunión con Jesús de Nazaret, no lo será en calidad de madre humana, sino que tendrá que entrar en una nueva relación de fe y espíritu. Aquello de la «espada», ¿no haría referencia a estos aspectos?

Y así, a través de diferentes escenas que fueron golpes psicológicos, Jesús fue llevando a María por esta travesía dolorosa y desconcertante, aunque transformante, hasta que el día de Pentecostés, en el «piso alto» de la casa de Jerusalén (He 1,13) allá está la Madre presidiendo el grupo de los comprometidos, que esperan la llegada del Espíritu, que —con María y en María— dará a luz por segunda vez y esta vez en el Espíritu, a Jesucristo. Nació la Santa Iglesia de Dios y nació, por obra del Espíritu Santo, de María Virgen.

Ya para este momento, María había completado su itinerario pascual, había realizado la nueva gestación espiritual y ahora, de nuevo, era *La Madre,* Madre en la fe y el Espíritu, Madre Universal, Madre de la Iglesia, Madre de la Humanidad y de la Historia.

Conflicto no, pedagogía sí

Las relaciones entre María y Jesús no se desenvuelven al modo normal de cualquier madre con su hijo. En el caso presente es el Niño y no la Madre quien toma la iniciativa y determina el género de las relaciones mutuas, y eso casi desde el principio. Mateo, en su relato de la infancia, en cinco diferentes oportunidades trae la significativa expresión «el Niño y su Madre». No es normal. Los evangelios se preocupan de transmitirnos, no lo normal en las relaciones de una madre con su niño, sino lo que había de extraordinario y hasta de extraño.

En el caso de María, la maternidad no fue una realidad gozosa y exenta de conflictos. María fue la *Madre Dolorosa,* desde el día de la anunciación, y no tan sólo al pie de la cruz.

La distancia que sentimos entre Jesús y María no fue una distancia psicológica, sino de otro género y muy misteriosa. La Madre no entendía algunas expresiones de o sobre Jesús, sentía extrañeza por otras. Aquella «espada» debió quedar colgada sobre su alma, como un enigma amenazador. Tuvo que huir al extranjero. Perdió al Niño, o mejor, el Niño se le extravió voluntariamente, se evadió de su tutela. Un buen día, el Hijo Adulto se le alejó definitivamente. Otro día, este Hijo desapareció, devorado por las llamas de un desastre, en el Calvario.

Todo un conjunto encadenado de acontecimientos jalonan *in crescendo* esta travesía pascual de la Madre, como un proceso purificador, para llegar a la maternidad espiritual y universal.

En este singular proceso pedagógico, encontramos otro suceso con relieves particularmente intensos, en Caná de Galilea. La boda era la fiesta cumbre en la vida familiar judía. En el caso presente, asistía Jesús con sus discípulos; estaba también presente María. Posiblemente eran parientes.

La Madre permanecía atenta a todos los detalles para que la fiesta acabara satisfactoriamente. La celebración duraba varios días. En un momento dado, la Madre advirtió que faltaba el vino. Quiso solucionar por sí misma el descuido de manera delicada e inadvertida. Tomó el atajo más corto y directo, y aproximándose a Jesús, le notificó lo que ocurría. Y en la información iba, latente y humilde, un ruego: soluciona, por favor, este *impasse*.

La respuesta de Jesús fue extraña y lejana. Aquello sonó como cuando una nave se quiebra por la mitad. María se le había aproximado con la seguridad de estar en comunión humana con Jesús y de conseguir un favor: era el ruego de una mamá. Cristo levanta la muralla de la separación comenzando con la fría palabra «mujer». Nosotros dos no tenemos nada en común, somos extraños (Jn 2,4).

Por mucho que se quiera paliar la aspereza de la respuesta no se puede soslayar, según los mejores autores, la dureza de las palabras. Sin embargo, si el episodio hubiera sido poco edificante nunca el evangelista lo hubiera consignado. Hay, pues, aquí una gran enseñanza escondida en el fragor de esta escena. En un análisis profundo del contexto, si tenemos presente el hecho de que al fin y al cabo Jesús accedió al ruego de la Madre, el hecho de que se le advierte a María que no se impaciente porque todavía no llegó la hora, el episodio podría tener —en su conjunto— más solemnidad que frialdad, dice Lagrange.

Así y todo, el sentido natural de las palabras del versículo 4 (Jn 2,4), según los mejores autores está en la misma línea de la reflexión que estamos desenvolviendo aquí: querida Madre, la voluntad de la «carne» no puede determinar *mi hora,* sino la voluntad de mi Padre, hemos entrado en la era de la fe y del espíritu. Gechter dice:

> «Es casi imposible afirmar que «mujer» reemplace a «madre». Más bien la desplaza. Jesús ha pospuesto conscientemente las relaciones naturales que le ligaban a su madre, al no haberlas querido tener en cuenta.
>
> Jesús quiere decir, ante todo: tú, ahora, como madre mía terrenal, no entras en escena; no tienes ningún influjo sobre mí y sobre mi actuación» (8).

Los tres sinópticos consignan el hecho como un nuevo golpe psicológico. Fue la Madre a buscarlo, seguramente para atenderlo, porque el Señor no tenía ni tiempo para comer (Mc 3,20). Era en Cafarnaúm. Marcos dice que Jesús estaba dentro de una casa enseñando, y la casa estaba repleta de gente, de modo que la Madre,

---

(8) PAUL GECHTER, *o. c.*, 284.

con sus familiares, no podía aproximársele. La Madre le envió un aviso que le pasaron a Jesús: Maestro, aquí está tu Madre, que pregunta por ti.

Y Jesús trasciende de nuevo el orden humano, y levantando la voz —de tal manera que la Madre podía escucharlo perfectamente— pregunta: ¿Mi madre? ¿Mis hermanos? Y extendiendo su mirada sobre los que lo rodeaban afirma: Estos son mi madre y mis hermanos. Y no solamente éstos. Todo aquel que cumple la voluntad de mi Padre, ése es mi hermano y mi madre (Mt 12,46-50; Lc 8,19-21; Mc 3,31-35).

¿Conflicto? ¡No! ¿Desestimación de su Madre? ¡No! Era un nuevo capítulo en el éxodo purificador y transformante hacia una maternidad universal. María concibió a Jesús en un acto de fe. Su vida entera, como hemos visto, fue un cumplir la voluntad del Padre con una perfección única, repitiendo siempre su *hágase*. Fue entonces doblemente Madre de Jesús.

En otra oportunidad —¿estaría presente María?—, cuando Jesús terminó de hablar, una mujer en medio de la multitud levantó la voz con gran espontaneidad: ¡Qué feliz debe ser la mujer que te dio a la luz y te amamantó! Y Jesús, tomando vuelo una vez más por encima de las realidades humanas, replica: ¡Mucho más felices son los que escuchan la Palabra y la viven! (Lc 11,27). ¿Qué dice Lucas en otra parte? En dos oportunidades (Lc 2,19; 2,51) el evangelista consigna que María escuchaba, guardaba y vivía la Palabra. Entonces, María es doblemente bienaventurada: por ser Madre y por vivir la Palabra.

La Madre recorrió esta desolada vía dolorosa vestida de dignidad y silencio. Estuvo simplemente magnífica. Nunca reclamó, no protestó. En otro lugar analizamos, en sus pormenores, ese comportamiento. Cuando no entendía algunas palabras, las guardaba en su corazón y las analizaba serenamente. A las escenas ásperas, respondió con dulzura y silencio. Nunca se quebró. En toda la travesía mantuvo la estatura y elegancia de esos robles que, cuanto más combatidos son por el viento, tanto más se afirman y se consolidan. Fue comprendiendo, paso a paso, que la maternidad en el espíritu es mucho más importante que la maternidad según la carne.

En este sentido, y por este camino, se comprende también el profundo parentesco que se establece entre la maternidad virginal y la virginidad fecunda. Los que toman en serio la voluntad del Padre despliegan todos los prismas de la consanguinidad, dice Jesús: son, al mismo tiempo, madre, esposa, hermano...

María, al vivir en el espíritu y en la fe y no según la carne, adquirió derechos de maternidad universal sobre todos los hijos de la Iglesia que nacen del espíritu. La virginidad es una maternidad según el espíritu, y es en la esfera del espíritu donde se desarrolla su fecundidad. Y así como la fecundidad de la maternidad humana se encierra en unos límites, la maternidad virginal abre su fecundidad hacia la universalidad sin límites. Por eso, María es figura de la Iglesia que es, también, virgen fecunda.

3. Madre nuestra

Junto a la cruz

De nuevo tenemos que acudir a una historia, tan breve como completa, que dice así: «Junto a la cruz de Jesús estaba, de pie, su Madre» (Jn 19,25).

Impresiona la personalidad de María por sus relieves de humildad y valentía. A lo largo de su vida, siempre procuró quedar oculta en la penumbra de un segundo plano. Cuando llega la hora de la humillación, avanza y se coloca en primer plano, digna y silenciosa. Marcos nos relata que, en el Calvario, había un grupo de mujeres que «miraban desde lejos» (Mc 15,40). Entretanto, Juan nos señala que la Madre permanecía al pie de la cruz.

Los romanos, ejecutores de la sentencia y guardianes del orden, normalmente mantenían a los grupos alejados, a una distancia prudente de los crucificados. Pero en algunas oportunidades permitían, por excepción, aproximarse a los ejecutados, cuando se trataba de parientes próximos. Ahí tenemos, pues, a María para un momento solemne de su vida y de la vida de la Iglesia.

La escena y las palabras de Juan 19,25-28 —«he aquí a tu hijo; he aquí a tu madre»— nos dan la impresión, a primera vista, de que Jesús encomendó a María a los cuidados de Juan. Al desaparecer Jesús, la Madre quedaba sin esposo ni hijos que la pudieran acoger y cuidar. Quedaba sola; y para los judíos era signo de maldición el que una mujer quedara solitaria en la vida. Por eso, Jesús moribundo tuvo un rasgo de delicadeza, al preocuparse del futuro de su Madre. Esa es la primera impresión.

Pero, en la presente escena, hay un conjunto de circunstancias por las que la disposición de Juan para con su Madre, encierra una extensión mucho más vasta y un significado mucho más profundo que un mero encargo familiar.

Y puesto que aquí nace la maternidad espiritual de María, necesitamos analizar detenidamente ese contexto de circunstancias que abre un encargo, al parecer, simplemente doméstico, a un sentido mesiánico.

Contexto mesiánico

El episodio que vamos a analizar está situado en medio de un conjunto de relatos, todos los cuales tienen sentido mesiánico, es decir, que trascienden el simple relato del hecho. Juan fue testigo presencial, en el Calvario. Disponía, pues, para narrar, de un abundante material, diferente de los relatos sinópticos. Pero Juan escogió tan sólo aquellos hechos que tenían —o se prestaban a tener— significación mesiánica. Estos son los hechos.

Los sanedritas se presentan en la Fortaleza Antoni ante el gobernador romano. Le manifiestan su molestia por la ambigüedad del título de la cruz y le exigen que lo rectifique. El romano encuentra ridícula su pretensión y mantiene su decisión en forma tajante. En seguida, estamos de nuevo en el Calvario y presenciamos, con pormenores minuciosos, el sorteo de la túnica, hecho en el que Juan ve el cumplimiento de la Escritura.

Después Jesús, para que se cumpliera la Escritura, manifiesta tener sed. La sed de Jesús no tiene principalmente alcance fisiológico. Es un fenómeno completamente natural para el que ha perdido tanta sangre, y no lo soluciona el agua sino una transfusión de sangre. Juan va, pues, eligiendo aquellas escenas que no terminan donde acaba el fenómeno, sino que precisamente comienzan allí donde acaba el fenómeno. El narcótico que le ofrecieron los vigilantes tenía una finalidad humanitaria: anestesiar los dolores.

El último episodio que se relata es la destrucción de las piernas de los crucificados y la lanzada del soldado, lo cual aconteció, otra vez, para que se cumpliera la Escritura.

Estamos, pues, viendo que Juan quiso ofrecernos una serie de episodios significativos, sin una lógica interna; no pretende darnos un relato. Entre paréntesis, Juan es un mal narrador porque cuando escribe está pensando en más cosas de las que describe. Juan quiso demostrar que, en los sucesos de la cruz, se había cumplido la Escritura. Por eso, no le interesa principalmente informar con un relato coherente y ordenado. Ahora bien, en medio de cinco relatos, con proyección trascendente, el evangelista coloca el episodio de Juan y María.

Algo más que una disposición familiar

Según una interpretación muy general, repetimos, Jesús habría actuado en la presente escena como aquel hijo único que se siente preocupado por el desamparo en que va a quedar su madre y da unas disposiciones de último momento para asegurar el porvenir de la solitaria madre.

Vamos a señalar aquí las circunstancias por las que aparece claro que, en la intención de Jesús, existían finalidades y perspectivas mucho más profundas.

En un análisis cuidadoso del texto, es preciso tener presente que Jesús establece una doble corriente: una descendente, de María para con Juan, «he ahí a tu hijo»; y otra ascendente, de Juan para con María, «he ahí a tu madre». Si se hubiese tratado de una mera disposición familiar, estaríamos ante una reduplicación inútil, tanto desde el punto de vista gramatical como psicológico.

Quiero decir: si Jesús se hubiera preocupado tan sólo de tomar medidas testamentarias para los últimos años de la vida de su madre, hubiese sido suficiente con establecer una sola corriente, de Juan para con María: Juan, cuida con cariño de mi madre hasta el fin de sus días. Era suficiente. Lo demás pudo haberlo evitado. ¿Para qué establecer la corriente de María para con Juan? Era superfluo.

Siguiendo con el análisis de las expresiones paralelas —he ahí a tu hijo, he ahí a tu madre—, si nos mantenemos en un eventual alcance meramente humano,

Jesús habría procedido con poca delicadeza con su Madre. Vamos a explicarnos.

Era normal y de buen tono que Jesús solicitara encarecidamente, en el último momento: Juan, cuida con cariño de ella, trátala mejor que a mí mismo. Pero encargar a la Madre —¡y qué madre!— que cuidara con interés de Juan, no sólo era superfluo sino también poco delicado. Gechter lo explica muy bien:

> «Hacer expresamente a María la advertencia de que ella debía apreciar a Juan, que cuidara de él con corazón materno, hubiera sido no solamente innecesario sino incluso poco delicado.
>
> Toda mujer de sensibilidad normal lo comprendería así, y no necesitaba que se lo dijeran, y mucho menos, que se lo dijera un hijo moribundo» (9).

En la Palestina de aquellos tiempos, también en los nuestros, existía una costumbre familiar de signo casi sagrado: cuando una mujer quedaba sola, al faltarle el esposo o los hijos, automáticamente se acogía al seno de su propia familia; familia, en el sentido amplio de la palabra: parentela, clan.

Dentro de esa invariable costumbre, al faltar a María su esposo y su hijo único, hubiese correspondido que Jesús entregara su Madre a los cuidados de la familia de los Zebedeos, por ejemplo; a la tutela de Cleofás, esposo de María, que era «hermana» (prima) de María (Jn 19, 25) y que, también, estaba junto a la cruz; o, en el último de los casos, a la tutela del mayor de los Zebedeos, teniendo presente que los judíos eran muy sensibles a los derechos derivados de la antigüedad.

En el marco de las costumbres de aquellos tiempos,

---

(9) GECHTER, o. c., 349.

el encargo que Jesús entregó a Juan debió extrañar mucho, si no hubiera a la vista, muy patente, otro sentido. A partir del hecho de que los que estaban junto a la cruz no se extrañaron de la decisión de Jesús, indica que percibieron, en la disposición testamentaria, algo más que una formalidad jurídica.

Si a Jesús sólo le hubiese interesado encargar a Juan el cuidado temporal de María, ¿cómo se explica el hecho de que la primera en ser interpelada fuese María? Si el encargo y la responsabilidad recaía sobre Juan, éste debía haber sido interpelado en primer lugar.

Lo más importante se anuncia en primer lugar. Jesús establece primeramente la relación descendente, recomendando a María asumir y cuidar a Juan como a un hijo. De este hecho se desprende claramente que, en esta doble relación, no se ventilan ni interesan en primer término los cuidados humanos —no tenía sentido que María cuidara de Juan— sino una otra relación más trascendental.

Vamos a interpretar —por hipótesis— las palabras de Jesús, en el sentido de que el Señor quería tener una delicadeza especial con su Madre, dirigiéndole unas palabras de consuelo. Si ésta fuese exclusivamente la intención de Jesús, ¿por qué dirigió una expresión idénticamente paralela a Juan? Sería extraño que, con unas mismas palabras, pretendiera consolar a Juan, por muy predilecto que fuese, y a su propia Madre.

Finalmente, como ya hemos dicho, si María fue entregada a Juan, a su vez Juan fue entregado a María. En otras palabras: así como Juan debía preocuparse de María, de la misma manera María debía cuidar de Juan.

Y esto resultaba tremendamente extraño, porque allá mismo estaba presente la madre de Juan, María Salomé. Hubiese sido directamente ofensivo para ella. El contexto escénico indica, pues, que las palabras paralelas encierran una carga de profundidad mucho más rica de lo que su sentido directo parecería indicar.

Tenemos Madre

Esta serie de precisiones nos lleva a la deducción de que Jesús, en la presente escena, entrega una Madre a la Humanidad.

¿Qué quiere decir *mesiánico?* Significa que un hecho o unas palabras no acaban en sí mismas, no se agotan en su sentido directo, natural o literal, sino que encierran un significado trascendente, y además dicen relación a todos los hombres: trascendencia y universalidad.

Jesús estaba en su «Hora», en el momento culminante de su función mesiánica. Le correspondía comportarse a la altura de su destino y de la solemnidad del momento. Por eso, el Señor Jesús, aun cuando se hallaba en situación física desesperante, mantuvo la decisión inquebrantable de cumplir la voluntad del Padre, llevando a cabo todas las disposiciones sin que nada quedase sin cumplirse.

Ahora bien: después de establecer la relación María-Juan, el evangelista agrega significativamente: «después de esto», «sabiendo Jesús que ya todo estaba cumplido» (Jn 19,28). Estas palabras indican que, en la opinión del evangelista, Jesús tuvo la conciencia de haber dado cima a su tarea mesiánica justamente e inmediatamente después del episodio María-Juan.

De ahí se concluye que la disposición (Jn 19,25-28) de Jesús tiene alcance mesiánico: en este encargo, Jesús entrega a la Humanidad a María por Madre en la persona de Juan. Se concluye también que esta entrega testamentaria de su Madre a la Humanidad, de parte de Jesús, fue el último acto mesiánico antes de sentir la conciencia de que todo estaba cabalmente cumplido.

¿Cómo explicar, cuál es el alcance de este magnífico regalo de última hora que Jesús ofrece a la Humanidad?

Para una exacta comprensión tenemos que decir, en primer lugar, que la escena y las palabras —he aquí a tu hijo, he aquí a tu madre— son algo así como signos sacramentales: significan algo y producen (realizan) lo mismo que significan.

Por eso Jesús realiza un hecho concreto y sensible y establece un nexo jurídico: Juan consideraría a María como Madre y le daría lo que un buen hijo adulto da a su madre: cariño y cuidado. Y María, a su vez, consideraría a Juan como hijo y le daría lo que una buena madre da siempre a su hijo: atención y amor.

Este era el hecho, el signo diríamos, que Jesús concretó. Pero no todo termina aquí. Al contrario, aquí comienza todo. Este «gesto» sensible contiene, latente y palpitante, una intención: abrir su eficaz significación y proyectarla sobre una perspectiva sin fin en cuanto al tiempo y en cuanto a la universalidad.

En Juan, el Señor daba a todos a María por Madre en un sentido mesiánico sobrenatural. Y recíprocamente

Jesucristo, en el presente episodio, declaraba y hacía a todos los redimidos hijos de María.

Así como a Cristo no le interesaba primordialmente instituir un contrato de derecho civil entre María y Juan, sino originar y desarrollar entre ambos relaciones materno-filiales, así, trascendiendo el marco personal, Cristo quiere que se originen y desarrollen relaciones vivenciales y afectivas entre María y... ¿quiénes? Según el significado del término *mesiánico,* entre María y todos los redimidos por la muerte redentora de Jesucristo. Dice Gechter:

> «Dado que la Madre es una, pero los hijos muchos, queda suficientemente claro que en Juan se hallaban representados todos los que Jesús quería redimir o todos los que, según el modelo de Juan, habían de creer en El.»

Desde ahora y para siempre, todos los redimidos tenían una Madre por expresa y postrera voluntad del Señor: la propia Madre de Jesús. Nadie en el mundo, por los siglos, podría quejarse de orfandad o de soledad en la travesía de su vida. Esta interpretación agota satisfactoriamente el significado total del texto y contexto de Juan 19,25-28.

Así comprendemos por qué Jesucristo eligió para esta función significante al discípulo más sensible. Juan representaría o simbolizaría cabalmente la intercomunicación cariñosa entre Madre e hijo. Así comprendemos por qué entregó a su Madre al cuidado del más joven de los Zebedeos y no al mayor, contra toda costumbre, precisamente por su carácter afectuoso.

Eso, a su vez, está indicando que Jesús quería fundar una relación basada en el amor recíproco: tal como eran entre sí Juan y María, debían y habrían de ser los creyentes y María. La relación entre los redimidos y la Madre debía llevarse a cabo en la línea materno-filial. Ahora comprendemos también por qué el Señor no entregó a su Madre a los cuidados de su clan o familia o a los cuidados de Salomé o de aquel grupo de mujeres que la habrían acogido con veneración y cariño, sino, contra toda costumbre, a los cuidados de Juan.

Comprendemos también otro detalle. Atender a los padres era deber primordial del decálogo. ¿Por qué Cristo esperó el último instante en que ni siquiera podía respirar, para preocuparse de la suerte futura de su Madre? Cristo sabía lo que le iba a acontecer, los crucificados apenas podían hablar; ¿por qué no dictó anteriormente las disposiciones pertinentes a la situación futura de su Madre?

Evidentemente Cristo traía consigo una intención: aprovechar la oportunidad de cumplir las obligaciones normales de un hijo con su Madre para instaurar una nueva situación eclesial. Seguramente Jesús incluyó en su tarea mesiánica, y subordinándola a ella, el cumplimiento de sus deberes filiales. Y esto lo llevó a cabo haciendo de estos deberes la expresión simbólica de un contenido mesiánico. Así, y sólo así, podemos justificar que Jesús haya diferido este cuidado por su Madre hasta cuando casi no podía hablar. Y esto ha de tomarse al pie de la letra porque inmediatamente después, sabiendo que todo estaba completo, inclinó la cabeza y murió.

Era su última voluntad; su regalo más querido; lo

mejor al final. En su actuación postrera, Jesús entregó su Madre a la Iglesia, para que la Iglesia la cuidara con fe y amor. Y, a su vez, entregó la Iglesia a la Madre para que la atendiera con cuidado maternal y la condujera por el camino de la salvación.

Mujer

Inesperadamente Jesús rompe, no sin intención, el paralelismo lógico en la formulación de su testamento espiritual. Al concepto «hijo» corresponde el concepto «madre». Al dirigirse Cristo a María correspondía haberlo hecho con la palabra «madre», no necesariamente por tratarse de su Madre sino por la combinación lógica (hijo-madre) con la que se jugaba en aquella escena.

La palabra aramea *Imma* tenía un sentido muy íntimo, equivalente a nuestra expresión *madre mía*. Jesús sustituye la palabra *madre* por la palabra *mujer* en un contexto mental en que, lógicamente, correspondía decir *Madre*. Evidentemente fue una sustitución premeditada. ¿Por qué lo hizo?

Un grupo de intérpretes piensa que, con este cambio, Jesús procedió con una delicadeza única para con su Madre. Ser madre de un crucificado no era ciertamente título glorioso, sino todo lo contrario. Identificar a su Madre en aquellas circunstancias, hubiese sido un proceder poco afortunado. Interpelándola con la palabra *mujer,* Jesús desorientaba la atención de los sanedritas, ejecutores y curiosos acerca de la identidad de sus amigos y familiares; y de esta manera nadie podría identificar a la Madre del Crucificado.

Pero había mucho más que eso. La expresión fue escogida premeditadamente para un momento solemne y una finalidad solemne.

En el contexto mesiánico del Calvario el concepto-palabra *mujer* saca a María de una función materna limitada y la abre hacia un destino materno sin fronteras. La corriente profunda avanza por el mismo cauce de aquella travesía que hemos explicado arriba, desde una maternidad según la carne —exclusiva y cerrada—, hacia otra maternidad en la fe, universal y mesiánica. En el caso presente Jesús hace abstracción de su condición de hijo, como lo hizo en otros momentos de su vida.

Con gran caballerosidad, no exenta de cariño, Jesús llama *mujer* a la samaritana (Jn 4,21); a María, la de Magdala (Jn 20,15); a la cananea (Mt 15,28), y a otras. Pero que Cristo llamara *mujer* a la samaritana o a la cananea, no era lo mismo que lo hiciera con su propia Madre. Por tanto, dicha apelación tiene un alcance diferente y mesiánico.

La palabra *mujer* aquí es una inmensa evocación no muy perfilada en que se agitan y se combinan diferentes escenas, personas y momentos de la historia salvífica. Al parecer, en la mente del evangelista está presente Eva, llamada «madre de los vivientes». Está presente aquella otra «mujer» (Gén 3,15) que con su descendencia desenmascarará las mentiras del enemigo. Está presente la «mujer grávida» del *Apocalipsis,* cuyo Hijo matará al dragón. Está presente la Hija de Sión, figura y pueblo de todos los rescatados de la cautividad. Está presente aquella otra «Mujer» del futuro, la Iglesia, que como María es también Virgen y Madre.

La «Mujer» del Calvario asume, resume y expresa todas estas figuras. Ella es la verdadera «Madre de los vivientes», tierra donde germina el «primogénito entre muchos hermanos» (Rom 8,), fuente inagotable donde nace el pueblo de los redimidos. Todo queda resumido, aquí y ahora, en que María recibe unos hijos a los que no ha dado a luz y Cristo le da como hijos a todos sus discípulos en la persona de Juan.

Desterrado

Millares de veces se ha formulado la misma pregunta: ¿qué es el hombre? Esta pregunta tiene el peligro de envolvernos en una interminable filosofía especulativa. Habría otra pregunta más concreta: ¿en qué consiste, qué o cómo se experimenta al *sentirse* hombre?

La respuesta exacta sería ésta: como un desterrado.

Un delfín, una serpiente o un cóndor *se sienten* en «armonía» con la naturaleza toda mediante un conjunto de energías instintivas afines a la Vida. Los animales viven gozosamente sumergidos «en» la naturaleza como en un hogar, en una profunda «unidad» vital con los demás seres. Se sienten plenamente *realizados* —aunque no tengan conciencia de ello—, nunca experimentan la insatisfacción. No saben de frustración ni de aburrimiento.

El hombre «es», experimentalmente, conciencia de sí mismo.

Al tomar conciencia de sí mismo, el hombre comenzó a sentirse solitario, como expulsado de la familia, que era aquella unidad original con la Vida. Aun cuando forma *parte* de la creación, el hombre está de hecho *aparte*. Comparte la creación *junto* a los demás seres —pero no *con* ellos—, como si la creación fuese un hogar, pero al mismo tiempo se siente *fuera* del hogar. Desterrado y solitario.

Y no solamente se siente *fuera* de la creación, sino también por *encima* de la misma; se siente superior —y por consiguiente, en cierto sentido, enemigo— de las creaturas, porque las domina y las utiliza. Se siente señor, pero es un señor desterrado, sin hogar ni patria.

Al tener conciencia de sí mismo, el hombre toma en cuenta y mide sus propias limitaciones, sus impotencias y posibilidades. Esta conciencia de su limitación perturba su paz interior, aquella gozosa armonía en la que viven los otros seres que están más abajo en la escala vital. Al comparar las posibilidades con las impotencias, el hombre comienza a sentirse angustiado. La angustia lo sume en la frustración. La frustración lo lanza a un eterno caminar a la conquista de nuevas rutas y nuevas fronteras.

La razón, dice Fromm, es para el hombre al mismo tiempo su bendición y su maldición.

En el terreno moral y espiritual, el hombre se siente más impotente que en cualquier otro campo. Debido a esa sensación de soledad y destierro, ha nacido y crecido en el hombre el *egoísmo,* como un árbol frondoso de mil gruesas ramas que son sus innumerables armas defensivas. El egoísmo ha transformado al hombre en un ser infinitamente más solitario y triste.

Una red variadísima y tremendamente compleja de elementos bioquímicos y endocrinos condiciona ––a veces hasta casi anular su libertad–– la espontaneidad del hombre, de tal manera que muchas veces «hace lo que no quiere», y lo que quisiera hacer no puede hacerlo (Rom 7,14-25). Es, pues, además un encarcelado.

El egoísmo ––mejor, el egocentrismo–– es en su origen un arma defensiva. Hace que el hombre se transforme en un castillo solitario, premunido de murallas, torres y almenas defensivas. De la defensiva salta rápidamente a la ofensiva, a la conquista y a la dominación.

El destino definitivo del hombre en el devenir de la transhistoria es derrotar el egoísmo; mejor, liberar sus grandes energías encadenadas hoy a sí mismo, y proyectarlas al servicio de todos en bondad y amor.

Es, pues, un encarcelado, un desterrado y un solitario. Necesita un Redentor, una Patria y una Madre.

Consolación

Contra esta sensación de destierro y soledad necesitamos sentir a Alguien junto a nosotros. En la Biblia nuestro Dios se presenta siempre como una Persona, amante y amada, que está «con nosotros» sobre todo en los días desolados. La melodía que recorre la Biblia desde la primera hasta la última página es ésta: «No tengas miedo, yo estoy contigo.»

Esa melodía sube de tono en los profetas y la voz de Dios se transforma en un aliento inmenso: «No te dejaré, no te abandonaré. Estaré contigo. Sé valiente, no te asustes porque yo estoy contigo adondequiera que vayas. Te repito: sé valiente» (Jos 1,1-10).

Expresiones como éstas: «No mires con desconfianza,

pues yo soy tu Dios. Yo te amparo con mi diestra victoriosa. Te tomo de la mano y te digo: no tengas miedo. Si atraviesas un río, no te arrastrará la corriente. Si pasas por medio de las llamas, no te quemarás. No mires para atrás sino al porvenir, porque va a haber prodigios: brotarán ríos en los cerros pelados, manantiales en los desiertos y primaveras en las estepas. Todo esto y mucho más sucederá para que todos sepan y comprendan que es el Santo de Israel el autor de tales maravillas» (Is 41; 43).

El aliento de Dios se transforma frecuentemente en ternura del Padre: «Estuve preocupado de ti, aun cuando estabas en el seno materno. Te he amado con un amor eterno. Israel era todavía una criatura pequeña, y yo lo alzaba en mis brazos, le daba de comer y lo aproximaba con cariño a mi mejilla» (Jer 31; Os 11).

Jesús acentúa más todavía la preocupación y ternura del Padre Dios. Nos declara que *Padre* es el nuevo nombre de Dios. Y con gran emoción nos dice que nuestra primera obligación no consiste en amar al Padre sino en dejarnos amar por El.

Y en una sinfonía de comparaciones, metáforas y parábolas nos dice cosas inmensamente consoladoras: que a veces el Padre toma la forma de un pastor y sube las montañas, y se asoma a los riscos, y recorre los valles para encontrar a un hijo perdido y querido. Que cuando un hijo regresa a la casa, el Padre organiza una gran fiesta. Que el Padre queda esperando el regreso del hijo ingrato y loco que se escapó de la casa materna. Que su misericordia es mucho mayor que nuestros pecados y su cariño mucho más grande que nuestra soledad. Que si el Padre se preocupa de vestir las flores y de alimentar los pájaros, cuánto más no se preocupará de nuestras necesidades.

Pero no era suficiente con tener un Padre. En la vida —en toda vida— hay un padre y una madre. Mejor, una madre y un padre. La psiquiatría nos habla de la decisiva influencia materna sobre nosotros, antes y después de «salir a luz», y también de los peligros de esa influencia por las fijaciones y dependencias. Todos nosotros conservamos, particularmente de los años ya lejanos de la infancia, el recuerdo de aquella madre que fue para nosotros estímulo y consuelo.

Por eso, Jesucristo nos reveló al Padre y nos regaló una Madre.

Y, como hemos explicado más arriba, Jesucristo entregó su Madre a la Humanidad para que la Humanidad la cuidara con fe y veneración; y entregó la Humanidad a su Madre para que ésta la atendiera y la transformara en un Reino de Amor.

Pero no existe la Humanidad en concreto; existen los hombres, mejor, existe cada hombre. Por eso Jesús, gran pedagogo, hizo el regalo de su Madre a la persona concreta de Juan, como representación de la Humanidad. Con este acto simbólico, Jesús quería significar que, así como la relación materno-filial de María y Juan se desenvolvía con atención mutua, de la misma manera deberían ser las relaciones de los redimidos con la Madre.

El pueblo cristiano, en el transcurso de largas edades, desarrolló este sentimiento filial a partir de las situaciones límites: destierro, orfandad, soledad; y así nació esa inmortal súplica que se llama la *Salve*. Durante muchos siglos ha sido la *Salve* la única estrella matutina, el único faro de esperanza y la única tabla de salvación para millones de hombres, en los naufragios, en las agonías, en las tentaciones y en la lucha de la vida.

¿Peligro de transformar a la Madre en el «seno materno» alienante de que habla la psiquiatría? Es evidente que para los psiquiatras, para la inmensa mayoría de los cuales sólo existe la «materia», la «salvación» existencial consiste en la aceptación de la soledad radical del hombre, en alejarse lo más posible de toda «madre» y mantenerse en pie por sí mismos. Es un bello programa.

Pero nosotros estamos en el mundo de la fe: redimidos por Jesucristo, muerto y resucitado, rodeados por los brazos fuertes y amorosos del Padre Dios y cuidados por una Madre consoladora, que Jesús nos entregó en la hora postrera. Los psiquiatras están en la otra órbita y nunca comprenderán las «cosas» de la fe. Dirán que todo es alienación. Es lógico que lo digan.

A veces, una persona es asaltada por la desolación y no se sabe de qué se trata. Las confesiones de los hombres o de las mujeres que se nos acercan y se nos abren son simplemente estremecedoras. Dicen que no saben qué es. Se trata, dicen, de un algo interior confuso y complejo, absolutamente inexplicable, por lo cual sienten una tristeza pesada imposible de eliminar. Añaden que, en esos momentos, lo único que les da alivio es el acudir a la Madre gritando: «¡Vida, dulzura y esperanza nuestra, vuelve a nosotros tus ojos de misericordia!»

Dicen, siempre dicen, que es imposible explicarlo: cualquier día amanece y, sin motivo aparente, comienzan a sentir una impresión vaga y profunda de temor. Se sienten pesimistas, como rechazados por todo el mundo. Si tienen cien recuerdos de los cuales noventa y cinco son positivos, se les fijan en la imaginación precisamente los cinco recuerdos negativos, y se apodera de ellos, sin poder eliminarla, una rara sensación de tristeza, miedo y sobresalto. Y, sin saber por qué, sienten ganas de morir. Y añaden que, en esos momentos, sólo la evocación de la Madre con las palabras de la *Salve* les da alivio, recuperan el ánimo y vuelven a respirar.

A lo largo de la vida hemos asistido a muchas personas en el lecho de la agonía. Aun hoy están vivos en mí muchos de esos recuerdos. Cuando un agonizante, a pesar de las vanas palabras de sus familiares, presiente que él se va, arrastrado por la corriente inexorable de la decadencia, cuántas veces hemos visto iluminarse aquel rostro abatido al rezar la Salve todos los familiares a coro: «A Ti clamamos los tristes hijos de Eva, por Ti suspiramos, Madre de Misericordia y Dulzura nuestra.»

En países de tradición católica uno queda impresionado con frecuencia al comprobar la profundidad de la devoción mariana en las costas de marineros o pescadores. En muchos lugares, cuando las embarcaciones de pescadores salen a altar mar, lo hacen siempre cantando la *Salve*.

He visto encarcelados, estigmatizados por la opinión pública y abandonados por todos sus familiares y amigos, los he visto cómo eran discretamente visitados por una mujer solitaria, su propia madre. Una madre no abandona nunca, a no ser cuando ella es arrebatada por la muerte.

Necesitamos de otra Madre, de la que nunca sea alcanzada por la muerte. Cada uno vive su vida de forma singular y sólo él «sabe» de sus archivos: sufre dificultades, entra en la desolación, su estado de ánimo sube y baja, mueren las esperanzas, de repente lo envuelven situaciones imposibles, al día siguiente renace la esperanza, aunque es difícil todo parece tener arreglo... ¡La lucha de la vida!

María es para cualquier momento consolación y paz. Ella transforma la aspereza en dulzura y el combate en ternura. Ella es benigna y suave. Sufre con los que sufren, queda con los que quedan y parte con los que parten. La Madre es paciencia y seguridad. Es nuestro gozo, nuestra alegría y nuestra quietud. La Madre es una inmensa dulcedumbre y una fortaleza invencible.

4. Entre el combate y la esperanza

Alienación y realidad

Todo lo que no se abre es egoísmo. Devoción mariana que acaba en sí misma es falsa y alienante. El trato con María que busca exclusivamente seguridad o consolación, sin irradiarse hacia la construcción de un reino de amor, no solamente es una sutil búsqueda de sí mismo sino un peligro para el desenvolvimiento normal de la personalidad.

No cabe duda de que en muchas partes, a lo largo de los tiempos, la devoción de María ha constituido una paralización de las energías. Las medallas y escapularios eran para muchos como amuletos mágicos, en lugar de ser la evocación de una Madre dinámica. Muchos buscan imágenes y cuadros, un algo que se puede *tocar* y *besar* en lugar de buscar signos que despierten la fe y conduzcan al amor.

No siempre es así, ciertamente. Tampoco podemos hacer caricaturas y universalizar. Muchas veces todo está mezclado: superstición, interés y devoción verdadera.

Las grandes multitudes se acercan a los santuarios marianos con un fondo de buen sentimiento y de interés personal. Quieren conseguir algo o agradecer un favor.

A veces tenemos la impresión de estar asistiendo a una operación de compraventa. Es el caso de tantos fieles que llegan haciendo sacrificios que conmueven, como el peregrinar a pie, el entrar arrastrándose sobre las rodillas, encender velas; contra su apariencia devocional, en eso se esconden buenas dosis de interés egoísta. Se cumple lo que decían los romanos: «do ut des», te doy para que me des. De ahí se origina, por ejemplo en Chile, la costumbre y la expresión «pagar mandas». El verbo *pagar* encierra claramente el concepto de compraventa.

Hoy se trata de la salud de la mamá, mañana del ingreso en la universidad del hijo mayor, pasado mañana de buscar un buen futuro esposo para la hija, al otro día de un conflicto matrimonial, familiar o vecinal. En el fondo se buscan a sí mismos, no buscan amar. Rarísima vez piden los fieles otra clase de valores, como la fe, la humildad, la fortaleza...

Es evidente que todo eso es la adulteración de la finalidad por la cual Jesucristo nos entregó una Madre. En lugar de ser la Madre que engendra en nosotros a Jesucristo, queremos transformarla muchas veces en la *economista* que soluciona los reveses económicos, en el *médico* que sana las enfermedades incurables, en la mujer *mágica* que tiene la fórmula secreta para todos los imposibles.

Otras personas acuden a los santuarios al rumor de milagros con una mezcla de curiosidad, superstición y fascinación. Sin darse cuenta se pueden fomentar instintos religiosos en lugar de promover la fe. Y, naturalmente, es diferente el sentimiento religioso que la fe.

La alienación puede venir también de otra parte. Entre los estudiosos, María ha sido en la historia objeto de rivalidades partidarias, en una verdadera dialéctica pasional entre los llamados *maximalistas* y *minimalistas*. Los unos y los otros pretendían dar con la *realidad* de María. Todos ellos se extremaban en su posición y caricaturizaban a los adversarios doctrinales.

El Concilio Vaticano II fue un ejemplo impresionante para comprobar de qué manera el tema de María está cargado de alta tensión emocional. Es un contrasentido increíble el hecho de que sea centro de polémica aquella mujer del evangelio que siempre aparece en un segundo lugar, sin apenas abrir la boca, llena de calma...

Pretender elevar a María presentándola en su vida poco menos que si estuviera disfrutando de la visión beatífica, es restarle el mérito y la condición de mujer peregrina en la fe, y alienarla. Una mariología excesivamente deductiva tiene el peligro de levantar a María a vertiginosas alturas triunfalistas, rodeando a la Madre de privilegios y prerrogativas que quieren ser cada vez más altas. Hay quienes colocan a María tan alta y tan lejos, que la transforman en una semidiosa deshumanizada.

«Esta criatura "bendita entre todas las mujeres" fue en esta tierra una humilde mujer, implicada en las condiciones de privación, de trabajo, de opresión, de incertidumbre del mañana, que son las de un país subdesarrollado.

María debía no solamente lavar o arreglar la ropa, sino coserla; no solamente coserla, sino primeramente hilarla.

Debía no solamente hacer el pan, sino también moler el grano y, sin duda, cortar ella misma los árboles para las necesidades del hogar, como lo hacen todavía las mujeres de Nazaret.

La Madre de Dios no fue reina como las de la tierra, sino esposa y madre de obreros. No fue rica sino pobre.

«Era necesario que la *Theotokos* fuese la madre de un condenado a muerte, bajo la triple presión de la hostilidad popular, de la autoridad religiosa y de la autoridad civil de su país. Era necesario que compartiera con El la condición laboriosa y oprimida, que fue la de las masas de hombres que había de redimir, "los que trabajan y están cargados"» (10).

María no es soberana sino servidora. No es meta sino camino. No es semidiosa sino *la Pobre de Dios.* No es todopoderosa sino intercesora. Es, por encima de todo, la Madre que sigue dando a luz a Jesucristo en nosotros.

Nuestro destino materno

El significado profundo de la maternidad espiritual consiste, repetimos, en que María sea de nuevo Madre de Jesucristo *en nosotros.* Toda madre gesta y da a luz. La Madre de Cristo gesta y da a luz a Cristo. Maternidad espiritual significa que María gesta a Cristo y lo da a luz en nosotros y a través de nosotros.

En una palabra, nacimiento de Cristo significa que nosotros *encarnamos* y «damos a luz» —transparentamos— al *Cristo existencial,* permítaseme la expresión, a aquel mismo Jesucristo tal como en su existencia terrena sintió, actuó y vivió. Jesucristo —la Iglesia— nace y crece en la medida en que los sentimientos y comportamientos, reacciones y estilo de Cristo *aparecen a través* de nuestra vida.

---

(10) F. LAURENTIN, *La cuestión mariana,* Taurus, Madrid 1964, 188.

Tenemos, pues, un destino «materno»: gestar y dar a luz a Jesucristo. La Iglesia «es» Jesucristo. El crecimiento de la Iglesia es proporcional al crecimiento de Jesucristo. Pero el Cristo Total no crece por yuxtaposición. Quiero decir: la Iglesia no es «más grande» porque tengamos tantas instituciones, centros misionales o sesiones de catequesis.

La Iglesia tiene una dimensión interna que es fácil de perder de vista. La Iglesia es el Cuerpo de Cristo o el Cristo Total. Y la Iglesia crece por dentro y desde dentro por asimilación interior. Contemplada en profundidad, a la Iglesia no se la puede reducir a estadísticas o proporcionalidades matemáticas: por ejemplo, la Iglesia no es «más grande» porque hayamos hecho setecientos matrimonios y dos mil bautizos. La Iglesia es el Cristo Total. Y Jesucristo crece en la medida en que nosotros reproducimos su vida en nosotros.

En la medida en que nosotros encarnamos la conducta y actitudes de Cristo, el Cristo Total avanza hacia su plenitud. Es sobre todo con nuestra vida más que con nuestras instituciones como impulsamos a Cristo a un crecimiento constante. Porque Dios no nos llamó desde la eternidad principalmente para transformar el mundo con la eficacia y la organización, sino «para ser conformes a la figura de su Hijo» (Rom 8,29).

María dará a luz a Cristo *en nosotros* en la medida en que nosotros seamos *sensibles,* como Cristo, por todos los necesitados de este mundo; en la medida en que vivamos como aquel Cristo que se compadecía y se identificaba con la desgracia ajena, que no podía contemplar una aflicción sin conmoverse, que dejaba de comer o de descansar para poder atender a un enfermo, que no sólo se emocionaba sino que solucionaba... La Madre es aquella que debe ayudarnos a *encarnar* a ese Cristo vivo sufriendo con los que sufren, a fin de vivir nosotros «para» los demás y no «para» nosotros mismos.

María dará a luz a Cristo en nosotros en la medida en que los *pobres* sean nuestros *predilectos;* cuando los pobres de este mundo sean atendidos preferentemente, será la señal de que estamos en la Iglesia verdaderamente mesiánica; cuando vivamos como Cristo con las manos y el corazón abiertos a los pobres, con una simpatía visible por ellos, compartiendo su condición y solucionando su situación; en la medida en que nuestra actividad esté preferentemente, mas no exclusivamente, dedicada a ellos, en la medida en que lleguemos a ellos con esperanza y sin resentimientos... María será verdaderamente Madre, en la medida en que nos ayude a encarnar en nosotros a este Cristo de los pobres.

María dará a luz a Cristo en nosotros en la medida en que tratemos de ser, como Cristo, humilde y paciente; en la medida en que reflejemos aquel estado de ánimo, de paz, dominio de sí, fortaleza y serenidad; cuando procedamos como Cristo ante los jueces y acusadores, con silencio, paciencia y dignidad; cuando sepamos perdonar como El perdonó; cuando sepamos callar como El calló; cuando no nos interese nuestro propio prestigio sino la gloria del Padre y la felicidad de los hermanos; cuando sepamos arriesgar nuestra piel, al comportarnos con valentía y audacia como Cristo, cuando están en juego los intereses del Padre y de los hermanos; cuando seamos sinceros y veraces, como lo fue Cristo, ante amigos y enemigos, defendiendo la verdad aun a costa de la vida... María será verdaderamente nuestra Madre en la medida en que nos ayude a encarnar a este Cristo pobre y humilde.

María dará a luz a Cristo en nosotros, en la medida en que vivamos *despreocupados* de nosotros mismos y *preocupados* de los demás, como Jesús, que nunca se preocupó de sí mismo, sin tiempo para comer, para dormir o para descansar; en la medida en que seamos como Cristo que se sacrificó a sí mismo sin quejas, sin lamentos, sin amarguras, sin amenazas, y al mismo tiempo dio esperanza y aliento a los demás; en la medida en que amemos como Cristo amó, inventando mil formas y maneras para expresar ese amor, entregando su vida y su prestigio por sus «amigos»; si pasamos por la vida, como Jesús, «haciendo el bien a todos». ¿En qué consiste la maternidad espiritual de María? En que la Madre nos ayude a encarnar, gestar y nacer en nosotros este Cristo que amó hasta el extremo.

María será para nosotros la verdadera Madre si nos esforzamos por tener su *delicadeza fraterna:* acto seguido de la anunciación, va la Madre rápidamente a felicitar a Isabel y a ayudarla en las tareas domésticas de los días prenatales; si copiamos aquella su delicadeza en Caná, atenta y preocupada por todo, como si se tratara de su propia familia; superdelicadeza la suya, en la misma escena, al no comentar con nadie la deficiencia del vino, al no informar al anfitrión para evitarle un momento de rubor, y mayor delicadeza todavía al pretender arreglar todo sin que nadie se diera cuenta; delicadeza también con su propio Hijo al evitar ante los demás la impresión de una situación conflictiva por la respuesta del Hijo, cuando dice a los empleados: haced lo que El os diga; su delicadeza en Cafarnaúm, cuando en lugar de entrar en casa y saludar al Hijo con orgullo materno, golpea la puerta y queda fuera, esperando ser recibida por el Hijo...

De esta manera María da a luz a Cristo a través de nosotros, cumplimos nuestro destino materno, y Cristo es cada vez «mayor».

CONCLUSION

Marcha transhistórica y consumación

Somos los constructores de un Reino. Nuestro peor enemigo es la impaciencia. Un proyecto de dimensiones eternas, quisiéramos verlo terminado en los días de nuestra existencia biológica. Necesitamos la sabiduría para medir nuestros límites y las dimensiones del proyecto. Las armas de la sabiduría son la paciencia y la esperanza.

Somos de ayer y tenemos millones de años por delante. Esta tierra y nuestra historia no van a terminar por un cataclismo apocalíptico, sino por una normal extinción cosmogónica.

Hace miles de millones de años no había más que una masa enorme e informe de gas cósmico, formando una molécula gigantesca que, al explosionar, originó las nebulosas, galaxias y sistemas solares que no son otra cosa sino partículas de aquella explosión. Por la fuerza de la gravedad, que tiende a unir los cuerpos, el polvo cósmico emanado de aquella explosión empezó a concentrarse en sistemas circulares alrededor de un centro principal. Es la última teoría de cosmogénesis, fundamentada en los principios matemáticos, y se llama la teoría del «universo en expansión».

¿Cuál es el camino que le espera a la humanidad?

225

Hay que mirar atrás para deducir qué le sucederá en el futuro. La constitución química del universo es extraordinariamente uniforme. Las estrellas no son otra cosa que reacciones termonucleares por las que el hidrógeno va transformándose en helio. Los astros se van consumando en forma de irradiaciones de luz, calor y corpúsculos. La edad de nuestra galaxia, y por consiguiente de nuestro sol y nuestra tierra, se calcula en unos cinco mil millones de años.

La tierra era rica en sustancias inorgánicas. Y brotó la vida como efecto de la organización de esas sustancias, por medio de la unión de elementos combinados. La vida comenzó en el mar, hace aproximadamente dos mil millones de años.

Una vez nacida la vida, fue reproduciéndose y multiplicándose hasta organizarse en seres multicelulares. En el transcurso de millones de años se formaron las especies con sistema nervioso y cerebro.

El proceso de *hominización,* llamémoslo así, sucedió «en los últimos tiempos», de unos millones de años para acá, con una acelerada complicación cerebral. Los primeros vestigios de la historia de la civilización aparecen, según el estado actual de la paleontología, hace como siete mil años, con los sumerios. Abraham vivió hace menos de cuatro mil años.

Conclusión: somos de ayer. Jesucristo se encarnó al principio de la historia de la humanidad.

¿Qué intenta Jesucristo en esta larga caminata transhistórica?

La tarea de Jesucristo es transformar el mundo, digamos más exactamente, transformar el corazón del hom-

bre. El plan grandioso, concebido y soñado por Dios des
de la eternidad y ejecutado «en el tiempo» por Jesucristo, es la *divinización* del hombre.

Dios nos creó a su imagen y semejanza. El Señor de-
positó en el fondo del hombre una semilla divina, la que
nos impulsa no a convertirnos en «dios», sustituyendo al
verdadero Dios (Gén 3,5), sino a llegar a ser «divinos»,
participando de la naturaleza divina. Habiéndonos crea-
do, al principio, semejantes a El, sus planes posteriores
tienen por finalidad hacernos cada vez más semejantes
a El.

Estamos empezando a salir de la «selva». Por eso,
en esta etapa evolutiva de la humanidad todavía estamos dominados, gobernados y organizados enteramente por los mecanismos instintivos del egoísmo. Para los
seres inferiores en la escala vital, los instintos reactivos
son esencialmente egocéntricos, para poder defenderse y
subsistir en la lucha de la vida. Desde allí arrastra el
hombre su congénita naturaleza egoísta. Hoy por hoy, el
hombre es *connaturalmente* egoísta.

La Biblia no se cansa de decirnos de mil formas que
el egoísmo (pecado) alcanza las últimas raíces del hombre; o, dicho de otra manera, el hombre está estructura-
do «en pecado», en egoísmo (Sal 50; Rom 7,14-25). De
su estructura de pecado emergen todos los frutos de la
«carne»: fornicación, impureza, libertinaje, idolatría, he-
chicería, odios, discordias, celos, iras, rencillas, divisio-
nes, disensiones, envidias, borracheras, orgías y cosas semejantes (Gál 5,19-22).

La tarea gigantesca y transhistórica de Jesucristo consiste en hacer «pasar» al hombre desde las leyes del

ísmo a la de Dios «es Amor», la divinización del nbre consistirá en «pasar» del egoísmo al amor, en ar de ser «hombre» para llegar a ser «Dios».

Me atrevo a decir que la Redención tiene dimensio-*s cósmicas, por lo que voy a explicar. Debido a su estructura egoísta, el hombre domina y «somete a su vanidad» (Rom 8,20) todas las criaturas. Estas, sometidas al capricho arbitrario y despótico del hombre, se sienten como prisioneras y torturadas y «gimen» (Rom 8,22), suspirando por liberarse de esa opresión.

Para describir este fenómeno profundo, san Francisco utiliza la palabra «apropiar». Tener es una cosa; retener, otra. Usar es diferente de *apropiarse*. Apropiarse significa amarrar, tender una cadena entre el hombre y la criatura, entre el propietario y la propiedad. Terrible misterio e ignorancia profunda: el hombre cree que ser «señor» consiste en tener el máximo número de apropiaciones, cuando en realidad sucede lo contrario: cuanto más propiedades tiene el hombre, más amarrado está, más cadenas le sujetan a las criaturas porque las propiedades reclaman a su dueño.

El hombre más pobre del mundo es el más libre del mundo, y por consiguiente más «señor». La redención del hombre, su liberación, viene por el camino de la desapropiación. Pobreza y amor son una misma cosa.

Pablo nos dice que las criaturas están suspirando por verse liberadas del abuso del hombre. Si el hombre se *desprende* de las criaturas (valores, carismas, bienes...), si el hombre no las utiliza para su dominación, esas criaturas quedan libres. La liberación del hombre constituye. también la liberación de las criaturas. Esto es, las criaturas quedan liberadas del hombre cuando el hombre se desprende de las criaturas.

Ahora bien: al no sujetar el hombre a las criaturas para su exclusivo provecho, éstas pueden ser proyectadas al servicio de los demás. Y así las energías y valores humanos, una vez liberados del abuso del hombre, ahora sí pueden entrar en el torrente del amor al quedar libres y disponibles para el servicio de todos los hermanos.

Y al entrar en la esfera del amor quedan, tanto el hombre como las criaturas, dentro del proceso de la *divinización,* porque Dios es Amor: liberados para servir y amar.

Esa prodigiosa y lenta liberación pascual la llevará a cabo la gracia redentora de Jesucristo. El Concilio dice: «La clave, el centro y el fin de toda la historia, se halla en su Maestro y Señor Jesucristo.» Quiere decir: no solamente Jesucristo está en el corazón de la Historia, sino que el movimiento pascual de la historia está impulsado y promovido por la dinámica redentora del Señor. La razón de ser de la Historia humana es liberar las grandes energías humanas, atadas hoy a los anillos egocéntricos del hombre, y derramarlas al servicio de los demás.

Naturalmente, se trata de una tarea de milenios. En esta liberación los procesos y realidades terrenos ayudarán eficazmente al hombre en su caminata hacia la Libertad y el Amor. Así por ejemplo, los movimientos democráticos y socializantes constituyen, según me parece, una gran ayuda en este proceso en la medida en que fomenten el respeto mutuo, combatan el individualismo y abran a los seres humanos más allá de las soberanías, patrias y fronteras, hacia la universalidad de una fraternidad integral.

Es evidente que, en esta redención transhistórica, ofrecen una preciosa ayuda las ciencias humanas (psicología, medicina, sociología...) y la técnica. El Concilio indica que, en este avance hacia la Libertad y el Amor, el hombre va a encontrarse con muchos enemigos como la enfermedad, las injusticias, la pobreza, la ignorancia... Las ciencias y la técnica ayudarán al hombre a derrotar esos enemigos.

Según la *Gaudium et Spes,* la técnica es la gran victoria del hombre sobre las fuerzas inexorables de la naturaleza. Pero, según el esquema conciliar, esta técnica libertadora se le está convirtiendo al hombre en una nueva esclavitud por los desequilibrios y ambivalencias que produce (GS 8, 9, 10). Y el Concilio desafía al hombre a superar las ambivalencias negativas.

Y la Iglesia abriga una inmensa esperanza de que el hombre acabará por superar todos los obstáculos, porque el ser humano lleva marcado en las profundidades de su ser el rostro de Dios, y es portador de gérmenes inmortales capaces de sanar todos los errores, vencer todas las dificultades y caminar incesantemente hacia adelante y hacia arriba.

Pero en esta marcha triunfal siempre le quedará «el» enemigo, el pecado. Y el Concilio acaba por preguntarse y desafiar al hombre, a ver de qué manera, más allá de todas las victorias terrestres y humanas, conseguirá transformar sus energías vitales egocéntricas en amor. Con palabras más simples: de qué manera llegará el hombre a luchar, sufrir y trabajar con el mismo entusiasmo, cuando se trata del interés de los demás como cuando se trata de su propio interés.

El optimismo de la Iglesia se traslada también a este terreno: el hombre irá venciendo también el pecado porque hubo un *hombre* que ya lo derrotó, Jesucristo. «El misterio del hombre sólo se esclarece en el misterio del Verbo Encarnado» (GS 22).

Y, en la medida en que los hombres a lo largo de los milenios vayan asumiendo y encarnando los sentimientos y actitudes de Jesucristo, irán desapareciendo las consecuencias del egoísmo: la violencia, las injusticias, las guerras, la discriminación y la explotación...

En la medida en que más hombres y más profundamente asuman el «amor extremo» (Jn 13,1) de Jesús, y sean capaces de «dar la vida» (Jn 15,18) por los hermanos, la redención liberadora avanzará lenta pero firmemente por los anchos caminos de la transhistoria, e irá llegando el *sobre-humanismo* por el que y en el que brillarán en todo su esplendor la libertad y el amor.

Pasarán más milenios. Y en la medida en que los hombres se parezcan más a Jesús, la humanidad irá *cristificándose,* Jesucristo irá *creciendo* hacia la Estatura Adulta que le corresponde.

El Reino será cada vez más libertad y amor, y el hombre cada vez más pleno y feliz, hasta que el egoísmo sea definitivamente suprimido del corazón humano; las grandes energías psíquicas no estarán dirigidas al centro de cada hombre sino hacia los hermanos, nos amaremos unos a otros como Jesús nos amó, Cristo «vivirá» *realmente* en nosotros, todo y todos «serán» Jesucristo... Y en este momento será *el fin* y caerá el telón de la historia.

Dios será «todo en todos», y Jesucristo habrá alcanzado su plenitud total. Léanse la *Carta a los efesios* y la *Carta a los colosenses*.

La conclusión del Concilio es magnífica y trascendental: «La vocación suprema del hombre es, en realidad, una sola, es decir, la divina» (GS 22).

Es evidente que en este nacimiento y crecimiento transhistórico de Cristo, la misma Madre que lo trajo a este mundo tendrá un papel preponderante.

María presidirá este proceso; y no solamente presidirá, sino que también ella será la Madre fundamental de toda esta transformación libertadora y divinizadora, a través de nosotros sus hijos redimidos.

Este proceso será tarea de largos milenios. Se sabe exactamente cuándo nuestro planeta será inhabitable: cuando ya en la tierra no haya condiciones de vida por la muerte del sol.

El sol «vive» —y nos hace vivir a nosotros con su luz y calor— por la transmutación del hidrógeno en helio, por medio de las reacciones termonucleares. La ciencia sabe cuántas toneladas de hidrógeno por segundo consume nuestro astro rey. Sabe también la provisión de hidrógeno de que dispone. Se puede, pues, calcular perfectamente el tiempo que necesitará el sol para consumir esa provisión. Cuando todo ese combustible se haya quemado, el sol agonizará y morirá, y en la tierra no habrá posibilidad de vida.

La humanidad tiene, pues, por delante millones de años para su *cristificación*.

Los hombres de Jesucristo son los colaboradores, jur tamente con la Madre, para esta tarea trascendental. Nuestro peligro es el de dejarnos llevar por la impaciencia debido al fenómeno de la *temporalidad;* es decir, por el hecho de sentirnos sumergidos «en» el tiempo, en la línea de Heidegger. Sentimos prisa por solucionar todo urgentemente, porque tenemos la impresión de que en los días de nuestra vida se decide el destino del mundo.

No sabemos colocarnos en la perspectiva de la fe. Es suficiente con que, a lo largo de nuestra existencia, hayamos colocado un ladrillo en la construcción de ese Reino de libertad y amor. El «ladrillo» quedará ahí, inamovible, por siempre jamás.

Cuando nosotros hayamos muerto, caerá sobre nosotros, humanamente, el silencio inquebrantable y el olvido eterno. Pero si nosotros hemos dado un impulso a Jesucristo en su crecimiento, habremos marcado una línea indeleble en la Historia que ni el silencio ni el olvido podrán borrar, y nuestro nombre quedará escrito para siempre en el número de los elegidos.

Esta transformación transhistórica implica, como hemos dicho, deberes y tareas temporales. Y aquí mismo se nos levanta la dificultad casi insuperable de discernimiento, y aquí mismo comienza, para los hijos del Evangelio, el peligro del *temporalismo.*

Es tremendamente difícil establecer una línea divisoria entre la política contingente y la política trascendente. ¿Qué significa, concretamente, compromiso temporal para un eclesiástico? ¿Hasta qué linderos puede avanzar un sacerdote en la acción política? ¿Qué significan, en cuanto a pasos concretos a dar, expresiones como so-

daridad fraterna, animación, denuncia, liberación, pro-
fetismo...?

¿En qué se diferencia la actividad temporal de un cristiano laico de la de un sacerdote o una religiosa? ¿Existe
la tal diferencia? Y si existe, ¿cuáles serían las implicaciones concretas? ¿Hasta dónde se puede avanzar? ¿Dónde están las fronteras? Estamos metidos en una profunda niebla.

Vamos a pedir el espíritu de Sabiduría para no que-
darnos demasiado acá ni avanzar demasiado allá.

¿De qué vale invocar a Dios, cuando el verdadero
«dios» que manda es el dinero? ¿Sirve de algo llamarse
seguidor de Jesucristo, cuando las armas que rigen y
brillan son la explotación del hombre por el hombre,
la dominación del hombre sobre el hombre y la compe-
tición despiadada por el triunfo económico?

¿Qué se consigue con declararnos bautizados si los
únicos ideales que se respiran son el hedonismo, el orgullo de la vida y el deseo loco de ostentar y lucir? Los
hijos del Evangelio no tienen nada que ver con el reino
del dinero.

¿Para qué vale una revolución social si los hombres
siguen odiándose, incuban ambiciones feroces y sustitu-
yen la aristocracia del dinero por la aristocracia de la
inteligencia?

Si una revolución social destruye el «dinero» y dis-
para contra todos los individualismos, ha constituido una
ayuda en la transformación del hombre. Pero ¿qué hacemos si el corazón sigue podrido y en el camino se
ha dejado un río de amargura?

El corazón del hombre no se transforma por arte ᴅᴇ magia. Derribar unas estructuras sociales y sustituirlas por otras, es cosa relativamente fácil por tratarse de una acción rápida y espectacular y, por consiguiente, fascinante.

Derribar las murallas del egoísmo, crear un corazón nuevo, trocar los motivos y criterios del hombre, trabajar por los demás con el mismo interés como si trabajara por mí mismo, despreocuparse de sí mismo para preocuparse de los demás, adquirir la capacidad de perdonar, comprender... Todo eso es tarea de siglos y milenios. Esa es la gran revolución de Jesucristo.

El «mundo» cree que el último que da el golpe, ése es el campeón. ¿Con quién compararé a un campeón?, se pregunta Jesús. Campeón, responde Cristo, es el que, después de recibir un golpe en el maxilar derecho, queda tan entero y dueño de sí que puede presentar tranquilamente el maxilar izquierdo. Este es el más fuerte. Cuánta revolución sólo en esta comparación.

Los resultados de una acción temporal, repito, son —o pueden ser— vistosos y fulgurantes, pero también superficiales porque no tocan el corazón. Generalmente, lo que rápidamente se construye rápidamente se desmorona.

El Padre encargó a Jesucristo transformar el mundo y conducir a la humanidad liberada y divinizada, en un gran movimiento de retorno, a la Casa del Padre. Esa tarea no es de un siglo ni de un milenio. Jesucristo es de ayer, de hoy, de mañana y de siempre. Es necesario que los hombres de Jesucristo, sus colaboradores en la construcción de su Reino, se coloquen «en el tiempo» de Jesuristo, no perdiendo de vista las dimensiones de la fe.

Es necesario no impacientarse buscando resultados inmediatos, es necesario saber discernir qué cosa es el Evangelio y qué cosa no lo es; y sobre todo es necesario tener, como los profetas, las raíces profundamente hundidas en la intimidad con el Señor.

> «El Profeta es un hombre poseído por Dios. Pero no por eso se halla retirado del mundo.
>
> Muy ligado a la historia de sus contemporáneos, vive con intensidad los acontecimientos de su época.
>
> Testigo del absoluto de Dios, está dotado de una mirada aguda y cortante.
>
> Ante él, las fachadas se desploman, las combinaciones de los hombres pierden su espectacularidad y dejan al descubierto su pequeñez.
>
> Un fuego le penetra, una fuerza interior lo empuja; a tiempo y a destiempo es necesario que anuncie el mensaje del que es portador.
>
> Tiene él como una evidencia de la presencia de Dios y de la mirada de Dios sobre el mundo, y acusa profundamente la falta de clarividencia de los que le rodean. Diríase que es un vidente, circulando por el reino de los ciegos.
>
> Para el Profeta, la verdad viene de lo alto; a él le viene como dada, es algo que se le impone, a lo que no puede resistir» (1).

Es necesario organizar la gran marcha libertadora hacia el interior del hombre.

Nosotros somos los hijos de la esperanza y la esperanza es el alma del combate. Nosotros formamos una

---

(1) *La Biblia y su mensaje*, 61, 4.

cadena inmortal, cuyo primer y último eslabón es Aquel mismo que venció el egoísmo y la muerte.

La esperanza es la hija predilecta de Dios. Los fracasos nunca desalentarán a los hombres de esperanza. Después del primero, quinto, vigésimo o enésimo fracaso, la esperanza repite siempre lo mismo: no importa, mañana será mejor. La esperanza no muere nunca. Es inmortal como el mismo Dios.

Los hijos del evangelio gritan: «Es imposible derrotar el egoísmo.» La esperanza contesta: «Todo es posible para Dios.» Los hombres del evangelio se lamentan: «El dinero es una máquina invencible.» La esperanza replica: «Sólo Cristo es invencible.»

Los hijos del evangelio se desalientan llorando y diciendo: «En el mundo mandan el dinero y el odio, el mundo se burla del amor, dicen que el odio es de los fuertes y el amor de los débiles, dicen también que es preferible hacerse temer que hacerse amar, dicen que para triunfar es necesario perder el rubor, y que el egoísmo es una serpiente de mil cabezas que penetra y sostiene, de manera fría e impasible, toda la sociedad de consumo...» Frente a todo esto, los hombres del evangelio sienten la tentación de «salir» del mundo, diciendo: «¡Hermanos!, no hay lugar para la esperanza.»

La esperanza responde: «Vosotros, hijos del combate y de la esperanza, estáis equivocados, porque miráis al suelo. Os parece que todo está perdido porque creéis en las estadísticas, leéis los periódicos, vuestra fe está basada en las encuestas sociológicas, sólo creéis en lo que se ve.

Levantad vuestros ojos y mirad allá lejos donde está la fuente de la esperanza: Jesucristo, resucitado de entre los muertos, vencedor del egoísmo y del pecado, El es nuestra única esperanza.

La esperanza se os muere porque os apoyáis en los resultados de los proyectos humanos. Cuando la marcha de la Iglesia es vistosa y triunfal, cuando los eclesiásticos son muchos y los seminarios están repletos, decís: Todo va bien.

Cuando la Iglesia es reducida al silencio y sus testigos son encarcelados o degollados, decís: Todo está perdido. La fuente de la esperanza no está en las estadísticas ni en el fulgor de los fenómenos. ¿Os habéis olvidado de la cruz y del grano de trigo? ¿No sabéis que de la muerte del Señor nace la resurrección del Señor? Recordad: la crucifixión y la resurrección son una misma cosa.

Para no sucumbir al desaliento en los momentos en que no se ven los resultados, apoyaos en el Inmortal por los siglos. Somos invencibles porque el Señor venció todos los enemigos. La única señora que quedaba en la tierra era la muerte. También ella fue vencida por el Inmortal.»

«El cielo estaba abierto, y pude ver un caballo blanco. El que lo monta se llama Fiel y Verdadero.

Sus ojos son llamas de fuego, y en la cabeza lleva coronas numerosas.

Anda envuelto en una capa teñida de sangre, su nombre es: *El Verbo de Dios.*

Los ejércitos del cielo lo seguían en caballos blancos, vestidos de lino de perfecta blancura.

Lleva escrito en la capa y en el muslo este título: ”Rey de reyes, y Señor de señores” (Ap 19,11-17).

Cristo, con su Madre y nuestra colaboración, irá arrancando las raíces de las injusticias, colocará los cimientos de la paz y comenzará a brillar el sol de la justicia.

Los testigos de Jesucristo e hijos de la Madre, deberán asumir sus responsabilidades con la audacia del Espíritu y el equilibrio de Dios. Y comenzará una nueva época en que los pobres ocuparán su lugar en el Reino, habrá liberación de toda servidumbre y las energías dispersas se integrarán. Los hijos del Padre y de la Madre formarán un pueblo único y fraterno. La Madre presidirá esta lenta operación. Muchos testigos caerán, otros desertarán. Pero el Reino irá, piedra a piedra, hacia arriba.

Será un nuevo Reino en el que se integrará lo espiritual y lo temporal, se avanzará desde las estructuras opresoras hacia la superación de las calamidades sociales, adquisición de lo necesario, aumento de la dignidad, promoción de la paz, participación en las decisiones.

Un Reino en el cual la familia será un ambiente animado por el amor y escuela de formación de personas; los esposos serán testigos de la fe y cooperadores de la Gracia; y el hogar será el templo de Dios y escuela de respeto mutuo.

Será un Reino donde no habrá muchos que tienen poco y pocos que tienen mucho, las desigualdades irán nivelándose, cesará la insensibilidad de los unos por los otros, irán disminuyendo hasta desaparecer las frustraciones, no habrá privilegiados y olvidados, no habrá problemas ni tensiones, no habrá dominación de unos países sobre otros.

Será un Reino de Paz en el que la dignidad será respetada, las aspiraciones legítimas satisfechas y los hijos de Dios serán agentes de sus propios destinos; un Reino en el que los hijos de Dios, en un proceso dinámico, serán artesanos de la paz y por eso serán llamados bienaventurados (Mt 5,9), una paz que será fruto del amor y signo de una universal fraternidad.

«Después tuve la visión
de un cielo nuevo y una tierra nueva.
Vi la Ciudad Santa, la Nueva Jerusalén,
embellecida como una novia engalanada,
en espera de su esposo.

Oí una voz que clamaba desde el trono:
"Esta es la morada de Dios entre los hombres:
fijará desde ahora su morada en medio de ellos,
y ellos serán su Pueblo, y El mismo será
Dios-con-ellos.

Enjugará toda lágrima de sus ojos, y ya no existirá
ni la muerte, ni duelo, ni llanto, ni penas,
porque todo lo anterior ha pasado."
Entonces, el que se sienta en el trono declaró:
"Ahora todo lo hago nuevo."

Y después me dijo:
"Todo está terminado.
Yo soy el Alfa y el Omega,
el Principio y el Fin.
Yo seré Dios para él,
y él será para mí un hijo."» (Ap 21,1-7).

«Señora del Silencio y de la Cruz,
Señora del Amor y de la Entrega,
Señora de la palabra recibida
y de la palabra empeñada,

Señora de la Paz y de la Esperanza,
Señora de todos los que parten,
porque eres la Señora
del camino de la Pascua:

también nosotros hemos partido el pan de la amistad y de la unión fraterna. Nos sentimos fuertes y felices. Nuestra tristeza se convertirá en gozo, y nuestro gozo será pleno, y nadie nos lo podrá quitar.

Enséñanos, María, la gratitud y el gozo de todas las partidas. Enséñanos a decir siempre que *sí* con toda el alma. Entra en la pequeñez de nuestro corazón y pronúncialo Tú misma por nosotros.

Sé el camino de los que parten y la serenidad de los que quedan. Acompáñanos siempre, mientras vamos peregrinando juntos hacia el Padre.

Enséñanos que esta vida es siempre una partida. Siempre un desprendimiento y una ofrenda. Siempre un tránsito y una pascua. Hasta que llegue el Tránsito definitivo, la Pascua consumada.

Entonces comprenderemos que para vivir hace falta morir, para encontrarse plenamente en el Señor hace falta despedirse. Y que es necesario pasar por muchas cosas para poder entrar en la Gloria.

Nuestra Señora de la Reconciliación,
imagen y principio de la Iglesia:
hoy dejamos en tu corazón,
pobre, silencioso y disponible,
esta Iglesia peregrina de la Pascua.

Una Iglesia esencialmente misionera,
fermento y alma de la sociedad en que vivimos,
una Iglesia Profética que sea el anuncio de que
el Reino ha llegado ya.

Una Iglesia de auténticos testigos,
inserta en la historia de los hombres,
como presencia salvadora del Señor,
fuente de paz, de alegría y de esperanza. Amén.»

(Cardenal Pironio)

INDICE